SUEÑOS Y PESADILLAS DE UN CURA EN CUBA

¿El futuro de la Iglesia en Cuba?

COLECCIÓN FÉLIX VARELA # 55

EDICIONES UNIVERSAL, Miami, Florida, 2017

P. José Conrado Rodríguez

SUEÑOS Y PESADILLAS DE UN CURA EN CUBA

¿El futuro de la Iglesia en Cuba?

Copyright © 2017 by José Conrado Rodríguez

Primera edición, 2017

EDICIONES UNIVERSAL
P.O. Box 450353 (Shenandoah Station)
Miami, FL 33245-0353. USA
e-mail: ediciones@ediciones.com
http://www.ediciones.com
Fundada en 1965

Library of Congress Catalog Card No.: 2017946523
ISBN-10: 1-59388-287-4
ISBN-13: 978-1-59387-287-7

Diseño de la cubierta: Luis García Fresquet

Todos los derechos
son reservados. Ninguna parte de
este libro puede ser reproducida o transmitida
en ninguna forma o por ningún medio electrónico o mecánico,
incluyendo fotocopiadoras, grabadoras o sistemas computarizados,
sin el permiso por escrito del autor, excepto en el caso de
breves citas incorporadas en artículos críticos o en
revistas. Para obtener información diríjase a
Ediciones Universal.

ÍNDICE

PRÓLOGO, Mons. Felipe J. Estévez 7

CUARENTA AÑOS DE CURA EN LA CUBA
DE LOS HERMANOS CASTRO 9

¿EL FUTURO DE LA IGLESIA? ¡LA IGLESIA DEL
FUTURO! 57
    1- Reflexión para la reforma de la iglesia 59
    2- Proyecto para una reforma de la Iglesia 87

LA IGLESIA NECESITA SER MÁS AUDAZ EN CUBA ... 123
    Entrevista de la periodista Nora Gámez Torres (El Nuevo
    Herald, viernes 24 de abril del 2015).

HAY UNA CRISIS DE ESPIRITUALIDAD EN CUBA 129
    Segunda parte de la entrevista con la periodista Nora Gámez
    Torres (El Nuevo Herald)

UN RETO PARA LA IGLESIA 135
    (Entrevista con Jorge Salcedo (Cambridge) publicada en
    ENCUENTRO EN LA RED el 4 de junio de 2004)

ENCUENTRO DE SACERDOTES EN EL COBRE 149

CUBA Y EL MUNDO EN EL MOMENTO ACTUAL 161

EL FUTURO, CERCANO DE LA IGLESIA
COMO RETO Y COMO RIESGO 165

ALGUNAS NOTAS PARA AYUDAR
A LA REFLEXIÓN 175

LA CAPILLA DE LOS MILAGROS 179

Santuario de la Virgen de la Caridad del Cobre, Cuba.

PRÓLOGO

La lectura atenta del libro del P. José Conrado no nos dejará indiferentes. Primero son las confesiones, luego las sabias reflexiones de un sacerdote fiel a su conciencia que ama a Dios y a Cuba: fidelidad que ha sido y es creadora y crítica.

Dios ha ido entretejiendo los hilos de su vida como solo ÉL sabe hacer. Desde el ofrecimiento de su consagración a Dios a cambio de la recuperación de su primo en el lejano Jueves Santo de 1963 hasta el día de hoy como párroco en la legendaria Trinidad. Sabemos que Dios es el que guía a los que se dejan guiar, escribiendo incluso «derecho las lineas torcidas».

El P. José Conrado se describe a sí mismo como optimista, por tanto como hombre de sueños, de utopias. Nos narra en el libro los sueños realizados: Comunidades de fe renacidas y nacidas, servicios sociales, promoción de los laicos, grupos de reflexión y vida, trabajo intenso en los proyectos eclesiales nacionales...

Nos narra también las pesadillas, los golpes de los que tienen «el corazón duro». Como bien nos dice «la gente que no cree en nada ni en nadie» hacen difícil la vida del que sí cree.

El hacer puentes entre personas, instituciones, diversos puntos de vista, ser lugar de encuentro para los diversos, desde su ser sacerdote de Cristo, ha sido y es parte esencial de su vida. A veces los puentes se rompen, pero desde la esperanza en el posible «mejoramiento humano», se vuelven a reconstruir de muchas maneras. Gracias por esa «paciencia de sembrador», que sabe que las personas y los acontecimientos tienen un ritmo, un tiempo.

Muchos nombres de personas nos encontraremos a lo largo de la lectura. Cada uno en su momento dentro del itinerario de sus vidas: unos mejorados, otros mejorables. Todos influyendo, de un modo o de otro en la vida del sacerdote. Unos alentando sueños, otros provocando pesadillas.

Nos ofrece José Conrado, desde su perspectiva, su relación con sus obispos y con los obispos. La misión y las decisiones de estos, en muchas ocasiones, son duras de tomar para ellos y difíciles de entender para otros especialmente al no contar en este relato sus criterios y opiniones.

Gracias padre José Conrado, gracias Ediciones Universal representada por el buen amigo Manuel Salvat por ofrecernos este libro provocador e iluminador. «Nadie es una isla, completo en sí mismo»...

Junto con el autor, a través de su vida y sus reflexiones, nos adentramos en la historia reciente de nuestro pueblo cubano, con sus luces y sus sombras, con sus desesperanzas y esperanzas.

Que los hacedores de la nación ayer, P. Varela y un largo etc., sigan acompañando a los hacedores de la nación hoy para que el proyecto de una patria para todos y para el bien de todos se realice en la casa que es de todos.

Que la Virgen de la Caridad siga uniendo, sanando heridas y favoreciendo que «el amor a nuestra tierra nazca del amor a Dios».

Mons. Felipe de Jesús Estévez Montero
Obispo de San Agustín

CUARENTA AÑOS DE CURA EN LA CUBA DE LOS HERMANOS CASTRO

Nací en el seno de una familia cubana de clase media, en junio de 1951. Por parte de padre, de abuelos canarios, venidos a Cuba a principios de siglo. Campesinos de origen, habían logrado con su trabajo, prosperar. Mi madre venía de una familia de origen catalán, con siglos en Cuba. Ambos vivían en San Luis, un pueblo de la provincia del Oriente cubano. Mi padre trabajaba el campo y mi madre, aunque estudió magisterio, era ama de casa. Eran creyentes, pero sólo mi madre práctica. Estudié en «La Salle» en Santiago, viviendo en casa de mis abuelos maternos, y era monaguillo en San Luis. Tenía un primo de mi edad, hicimos juntos la comunión, él cayó enfermo, con un tumor en la cabeza del fémur. Para salvarlo, mis tíos lograron salir del país, gracias a la ayuda de Lina Ruz, la madre de Fidel Castro. Poco después supimos que la situación estaba difícil para Marito. Todos en Cuba, de manera especial mi abuela paterna, María Dolores, estábamos en shock. El Jueves Santo de 1963, recé de verdad, por primera vez: esa noche, en la comunión, le ofrecí mi vida a Dios. Fue como un trueque «salva a mi primo, que yo te entrego mi vida». **Dios me oyó y yo le cumplí.** Esa noche mi mamá fue a decirme que me acostara, que era muy tarde. Yo estaba orando de rodillas ante la pequeña imagen de la Virgen de la Caridad que tenía en mi cuarto.

Un año después entré al Seminario.

Éramos unos sesenta, entre jóvenes y adolescentes, los que llenábamos sus aulas. La Revolución cubana había convertido a la Iglesia en una sombra de lo que fuera hasta 1959, cuando los barbudos de

Fidel tomaron el poder. Era una época de heroísmo y triunfo para los que se apuntaron a la causa de Fidel. Pero también era una época de heroísmo y sacrificio para los que nos apuntamos al seguimiento de Jesucristo en una sociedad ya atea, que perseguía de una u otra manera a los cristianos. Nuestra vida en el seminario transcurría pacífica y ordenada, según la lógica del «mens sana in corpore sano», uniendo el ejercicio físico al mental, en un clima de oración y camaradería, que hizo posible entre nosotros amistades que han sobrevivido a la erosión del tiempo y de la distancia: más de cincuenta años después, muchos de mis mejores amigos, sacerdotes o no, se reclutaron entre mis compañeros del Seminario.

Influencia de nuestros profesores.

Nuestros profesores ejercieron sobre nosotros una influencia profunda y duradera. El rector, (nuestro profesor en matemáticas, geometría y trigonometría), tuvo un hermano, también jesuita, mártir de la fe en la guerra civil española. El profesor de historia era un misionero que sobrevivió a la persecución comunista en China. El profesor de ciencias naturales era un mejicano graduado de Fordham, la universidad de los jesuitas en Nueva York, un verdadero sabio en su especialidad. El profesor de Literatura era doctor en espiritualidad por la Universidad Gregoriana de Roma, había sido formado por el gran Padre Rubinos, uno de los autores más prestigiosos en lengua gallega a mediados del XX (su poema épico «La Atlántida», era el equivalente literario de «Las Luisiadas» de Camoens para la literatura portuguesa o «El Paraíso Perdido» de Milton para la inglesa). El profesor de preceptiva literaria y español luego sería miembro de la filial cubana de la Real Academia de la Lengua española. Los profesores de Química y Física eran laicos y enseñaban también en la Universidad de Oriente. Mi formación, seria: seis años entre El Cobre y Santiago, (bachillerato con especialidad en humanidades, incluido el latín) y los seis años (de filosofía y teología) en el Seminario San Carlos y S. Ambrosio de La Habana.

Seminario San Carlos y San Abrosio

San Carlos era el «alma mater» de la patria cubana, la cuna donde se formaron los más importantes intelectuales, pedagogos y políticos del siglo XIX en Cuba: el P. José Agustín Caballero, («padre de los pobres y de nuestra filosofía»). El P. Félix Varela, («el Santo cubano», el hombre que nos enseñó a pensar, primer intelectual independentista de Cuba); Don José de la Luz y Caballero, (maestro de maestros, padre de nuestra pedagogía); José Antonio Saco, el mayor analista social y político de su tiempo; Don Rafael María de Mendive: que fue el formador de José Martí, el Apóstol de nuestra independencia, y «Hombre Mayor» de nuestra Historia

Ordenación

A los 25 años de edad, después de 12 años de Seminario, el cinco de julio de 1976, fui ordenado por mi arzobispo Mons. Pedro Meurice. Conmigo se ordenó también mi compañero y amigo Rafael Couso Falcón. Nos acompañaron todos los obispos de Cuba, el Nuncio Apostólico y el Secretario General del Sínodo de los obispos, (y luego Cardenal) el polaco Wladislaw lRubin, de visita en Cuba. Más de 100 sacerdotes de toda la Isla, como la catedral santiaguera, nos impusieron, a Rafa y a mí, esa noche, las manos.

Año y medio antes mis compañeros seminaristas y yo, por una iniciativa mía, nos habíamos hecho cargo de la formación de todo el laicado oriental. Desde Tunas a Baracoa, organizamos «El Cursillo Teológico», por correspondencia. Nosotros mismos redactábamos los temas, calificábamos los exámenes y llevábamos la dinámica de aquella experiencia, que fue un éxito total. Funcionó por casi 10 años, incluso cuando sobrevino la división de la diócesis santiaguera (al ser erigida, en 1979, la diócesis de Holguín). Solo en la zona de Santiago, teníamos 400 matriculados. Casi todos los seminaristas comenzamos la redacción de estos cursos. Al comenzar a ordenarnos y tomar cada uno un rumbo diferente, los redactores responsables fuimos tres: José Álvarez Batista, de Holguín y Rafael Couso y yo de Santiago.

En 1974 yo había escrito un trabajo sobre «El Futuro de la Iglesia en Cuba». De hecho, parte del librito, constituyó el núcleo de las conferencias que di en el verano del 74, en un encuentro sobre eclesiología, organizado por el Padre José Juan Quijano en el Cobre. Fue allí, en esas conferencias del Cobre, y con el apoyo de los jóvenes participantes, en su mayoría universitarios, donde surgió la idea del «Cursillo Teológico» a distancia.

Parroquia de la Santísima Trinidad en Santiago
Al ordenarme, además, fui nombrado coadjutor de la parroquia de la Santísima Trinidad en Santiago, cura de San Pedrito y Cristo Rey y profesor del Seminario San Basilio. Como era el único cura joven en la ciudad, sin que nadie me lo pidiera, asumí la atención pastoral de los hospitales de Santiago, en especial el Provincial, el Oncológico, Maternidad Obrera y la ONDI (el Infantil). Pero además el arzobispo me encomendó la atención de los estudiantes católicos de la Universidad de Oriente, a la que venían a estudiar, en muchas disciplinas, hasta los jóvenes de Camagüey: el «Grupo Universitario de Oriente» llegó a ser el más numeroso de Cuba. ¡Ah, y yo no tenía transporte propio! Todo lo hacía a pie... tenía fama de llegar con retraso a todas partes, «corriendo y con la lengua afuera». Poco después, como si fuera poco lo que ya tenía encima, fundaría el grupo de los jóvenes trabajadores de la ciudad.

Ahora me asombro de lo que entonces fui capaz de hacer. Dios nuestro Señor, (que nunca se deja ganar en generosidad), el entusiasmo, la juventud y el celo pastoral hicieron el milagro. Yo preparaba mis clases, y todo mi trabajo, con ilusión y empeño. Mi arzobispo me apoyaba en todas estas tareas. Según la tradición santiaguera, almorzábamos juntos cada día en el Arzobispado, con Meurice y los demás sacerdotes diocesanos, y algún que otro religioso. Éramos un buen equipo, al que siempre me unió un gran cariño y una profunda admiración: mis colegas eran unos viejos maravillosos.

En mi primer año en Trinidad, mi párroco fue el Padre Michel Martin, cura francés, Hijo de la Caridad, que había comenzado su labor pastoral como coadjutor del Padre Micheneau, el gran pastoralista, cuya obra, «La Parroquia, Comunidad Misionera», a nivel mundial, fue el libro de cabecera de todos los párrocos que tomaban en serio su trabajo. Michel fue un gran maestro y un gran amigo. Pero al año de ser su coadjutor, pasé a párroco. Las labores como coordinador de la pastoral laical a nivel diocesano, le absorbían todo el tiempo y sus muchas energías y capacidades al querido «Padre Michelón».

Intelectuales católicos

Casi contemporáneo con el «cursillo teológico», en 1974, yo había iniciado un proyecto de trabajo a nivel nacional con intelectuales católicos. Mi trabajo con los intelectuales, contaba con dos «núcleos» bien definidos. Por una parte estaban «los históricos», es decir el grupo de intelectuales católicos más importante de la etapa republicana, centrados en La Habana y vinculados a «Orígenes», la revista fundada por José Lezama Lima y el padre Ángel Gaztelu en 1944. Cuando entré en contacto con los origenistas, Lezama, recién había muerto, pero estaban Gaztelu, Cintio Vitier y Fina García Marruz, Eliseo Diego y Octavio Smith, a este grupo se unió el de los nuevos profesionales católicos. Figuras claves de este «segundo núcleo», con perspectiva de provincia, eran: el Arquitecto pinareño José Garrido Pérez, como intelectual, quizá el más brillante joven católico de su generación y los orientales José Navarro Campa, ingeniero químico, (hoy conocido como el «Ronero Mayor», el hombre que más sabe de la fabricación del ron en Cuba); el Ing. Dionisio García Ibáñez, (actual arzobispo de Santiago de Cuba) y el Lic. Jorge Catasús, guitarrista, poeta y compositor, hoy sacerdote de la arquidiócesis santiaguera, párroco de Santa Lucia.

Pensar en Cuba

¿Cuál era la «razón de ser» de este proyecto? Pensar Cuba. Desde la doble perspectiva de la ciencia y de la cultura, y con mirada de fe.

Pensar a Cuba, su pasado, su presente y su futuro y por supuesto, descubrir cuál era el papel que a la Iglesia y los cristianos nos tocaba jugar en este empeño. El profetismo cristiano, la misión específica del laico y la misión que Dios le estaba dando a su Iglesia como servidora y mensajera del Reino y como servidora de un pueblo en desventura. El mesianismo terrenal de inspiración marxista, que había cooptado todas las dimensiones de la vida, y que le negaba a la Iglesia y a los cristianos un lugar en la «Nueva Cuba», era un límite, pero más aún, un reto. El juntar las diferentes miradas de gente inteligente y comprometida, prometía ser un excelente comienzo para el proyecto. En Cuba, incluida la experiencia de «Orígenes», y el otro referente fundacional del Seminario San Carlos en el XIX, los proyectos de largo alcance estaban avalados por la amistad y la confianza mutua de los implicados. Por eso era muy importante lograr un alto grado de conocimiento mutuo y comunión fraterna entre nosotros.

Secretariado para los no-creyentes

En 1979, apoyando esta iniciativa, Mons. Meurice, en ese momento además, gobernador eclesiástico de La Habana y Presidente de la Conferencia Episcopal de Cuba, quiso darle una cobertura de amplio alcance: La conferencia episcopal creó la sección cubana del «Secretariado para los no-creyentes», y nombró como presidente a Mons. Gaztelu, y a mí como vicepresidente. Gaztelu tenía todos los contactos posibles en el mundo de la cultura: Era amigo de Nicolás Guillén, el presidente de la UNEAC (Unión Nacional de Escritores y Artistas de Cuba) la omnipotente organización oficialista y progubernamental que controlaba la vida cultural, y nadie importante en las letras y las artes ignoraba los valores y el trabajo que había desarrollado, con gran sentido pastoral y humano, nuestro flamante presidente. A mí me tocaba el trabajo incansable de la hormiga. A los dos nos unía el cariño y la mutua admiración, como él mismo me señalaría años después en Miami, poco antes de morir.

El primero de junio de ese mismo año, sin embargo, sufrimos una sensible pérdida: Pepito Garrido murió, a consecuencias de un accidente que sufrimos juntos en Palmarito, la tierra natal de su padre. Estábamos de camino al pueblecito de Bayate, que sería inundado por una presa. La idea era salvar la Iglesia de Bayate, trasladándola a Palmarito, cuyo templo se había derrumbado doce años antes. La muerte de Garrido fue un terrible golpe para mí. Un cambio de asiento dos minutos antes del accidente lo puso a él en el fatídico lugar que había sido el mío en todo el viaje. Muerte sobrecogedora, que me fue anunciada 24 horas antes del accidente: *«mi vida es como una vela boca abajo... se quema por minutos. Vine a despedirme de ti, prepárate para el futuro»*. La semana que fue del 25 de mayo al primero de junio sería la más amarga de mi vida. El 24 por la noche, en casa de Navarro había leído Pepito su último poema, «Les devuelvo mis cosas, las palabras»:

«Así que desnudo de tiempo y palabra tengo al cabo el premio
de no tener nada más que lo que he dado...»

Poco después enviamos al Papa el poemario de Garrido, con prólogo de Cintio, Fina y Eliseo. Fue el regalo que Jaime, flamante obispo de Pinar del Rio, llevo al Papa Juan Pablo II, en su primera visita, a nombre de los jóvenes pinareños.

Primera salida de Cuba (1980)

1980 fue el año en que salí por primera vez de Cuba. Fui a República Dominicana para participar en una reunión organizada por el DEVIM (Departamento de Vocaciones y Ministerios del CELAM, (Conferencia Episcopal Latinoamericana) dedicado a estudiar el documento de la reunión que tuvo en Puebla la Asamblea General del CELAM. Allí debía entrevistarme con Mons. Roque Adames, obispo de Santiago de los Caballeros y presidente de la Comisión Latinoamericana de los «No Creyentes». Debía presentarle nuestro proyecto y consultar sobre el mismo. Mons. Roque Adames fue sumamente gentil y receptivo. Teníamos su aprobación y apoyo.

Sucesos de la embajada del Perú

Pero en ese mes se sucedieron, como en un relámpago, los sucesos de la embajada del Perú, en que más de 10 000 compatriotas se refugiaron en la sede diplomática de ese país, con la esperanza de irse de Cuba. Sin saberlo, presenciamos el primer «acto de repudio» en el mismo aeropuerto de Rancho Boyeros, cuando le rompieron la camisa al Padre Oscar Pérez, uno de mis seis compañeros de viaje y el último en llegar al aeropuerto en medio, ya, de la refriega. Salía para Costa Rica el primer grupo de los refugiados en la embajada peruana. Ya en Santo Domingo veríamos en la televisión dominicana los miles (140 000) de cubanos que abandonaron la patria por el puerto del Mariel. Los cubanos del exilio habían venido a recoger a sus familiares, ¡entre ellos a los míos!

Yo no daba crédito a los informes de la TV y de la prensa sobre los horrores que estaban pasando en Cuba: Fidel había dicho que dejaría salir a todo el que lo quisiera, pero lo que no dijo es que les atacarían con perros, que los golpearían, que asaltaría sus casas, que obligarían a los vecinos, a los compañeros de trabajo y a los amigos a enfrentárseles como verdadera jauría humana. Mi tío Mario envió a Orlando, el mayor de mis primos, en una lancha a buscar a mis padres y hermanos y a todos los que quisieran salir de la familia. Sólo salió mi primo Juan Carlos. La lancha la llenaron con presos sacados de la cárcel para ser enviados a EEUU, con locos de los manicomios, y con toda persona que podía probar, o al menos decir, que era homosexual, ladrón o drogadicto. Supe de parejas con años de casados que se presentaron como gays para poder salir de Cuba.

Al llegar a Méjico la hermana del párroco de San Cosme, mi anfitrión mejicano, que era directora de programaciones de un canal de TV azteca, me confirmó todo lo que yo, incrédulo, había escuchado sobre Cuba. Dulce Jimenez, la hermana de mi amigo, que acababa de llegar de La Habana, me contó «lo que habían visto sus propios ojos». Mi viaje culminó en Los Angeles. Al llegar mi tío me pidió que me quedara, porque mis padres le habían dicho que sin mí no se irían de Cuba. Yo traté de explicarle que yo no podía abandonar mis ovejas, que había hecho un compromiso hasta la muerte y no podía faltar a él. Entonces él llamó a mis padres, a quienes les rogué que salieran sin mí. Pero ellos, una vez más, dijeron que no me dejarían abandonado en ese país de espanto en que había devenido Cuba.

Todo esto ocurría en medio de la emoción estremecedora que fue para mí reencontrar a mis primos Marito y a Neyda. Nos vimos a través de los cristales del aeropuerto y empezamos a llorar, hasta que al fin nos abrazamos los tres. Sus hijos nos miraban asombrados y asustados. Nunca habían visto a sus padres llorar así. Los de Neyda, Mónica y Javierín, de piel muy blanca y ojos y pelos muy negros. Y las de Marito, Janel y Jennifer, rubias y de ojos verde azules. Eran los niños más bellos que había visto en mi vida. En Tijuana nos acogieron en su casa los compadres de Neyda, amigos de Javier, su esposo, que era mejicano. El reencuentro con mis primos supuso horas incontables de contarnos la vida, todos los años transcurridos desde la última vez que nos vimos en el hotel Lincoln de La Habana. Tuve que contarles la muerte de nuestros abuelos, María Dolores y José María; la pérdida de Rio Grande, nuestra finca, intervenida en el 63, cuando dejaron a mi padre sin trabajo. Todo el sufrimiento y el desgarro que supuso la posterior salida de los otros primos y de tantos amigos. Mi entrada al seminario, mis años de estudio y mi ordenación sacerdotal. Mis sueños e ilusiones de sacerdote. Todo. Así me relataron ellos sus vidas. Lo duro del exilio: la incomunicación y la añoranza de tantos años… su esfuerzo por integrarse, sus matrimonios. Su vida.

Tres amigos en Los Ángeles
A Los Ángeles fueron a verme tres amigos muy especiales: María Cristina Herrera, la fundadora y directora ejecutiva del IEC (Instituto de Estudios Cubanos), agrupación que reunía a intelectuales y académicos, los más brillantes del Exilio: Jorge Domínguez, Carmelo Mesa Lago, Carlos Alberto Montaner, Emilio Cueto, Alejandro Portes, José I. Lasaga, Lourdes Casal, Marifeli Pérez Stable, Jose I. Rasco, Uva de Aragón, Nazario Vivero, Manolo Fernández, Nelson Valdés, Arturo

Villar, Rafaelito Rojas , etc. Yo acabé siendo, el primer miembro del Instituto en Cuba. María Cristina era profesora del Miami Dade Comunity College. Santiaguera, íntima amiga de Meurice, (a través de él la conocí en el Arzobispado de Santiago de Cuba). Era inválida (aunque yo la llamaba la superválida). Se había enrolado en el proceso de acercamiento iniciado en 1878 por Fidel Castro al exitoso exilio cubano, Aunque María Cristina afirmaba que en aquel proceso, lo que vino de Miami fue Flora y Fauna, («poca flora y mucha fauna», siempre añadía con su proverbial picardía caribeña). Pero ella y el Instituto, no podían estar ausentes en ese proceso de acercamiento entre las dos Cubas.

El otro amigo que vino a verme fue Luis Pérez García. Nuestros abuelos habían venido de La Gran Canaria, del pueblecito de Moya. Nuestros padres eran amigos, como lo fuimos nosotros hasta que el salió de Cuba, a sus 14 años de edad. Era monaguillo en San Luis y de familia muy católica. Nos habíamos reencontrado siendo yo párroco de Sueño. En la primera semana de mi viaje fue a Santo Domingo a verme. Y su pregunta, al despedirnos en el aeropuerto de Santo Domingo todavía me hace pensar ¿Qué sentido tiene todo esto? ¿Por qué nos tocó a nosotros los cubanos pasar por todo este sufrimiento? ¿Qué se trae Dios con todo esto? Al contarle mi proyecto de viajar a Los Ángeles, Luis me dijo que él tenía, en esa fecha, una reunión de la pastoral hispana allá y que con él estaría el Padre Vizcaíno. Y arreglamos para vernos en Los Ángeles.

Padre Mario Vizcaíno

El tercer visitante fue el Padre Mario Vizcaíno. Escolapio cubano, desarrolló su vida pastoral en EEUU. Lo considero el más brillante de los curas cubanos del exilio: había fundado el SEPI (South East Pastoral Institute), el instituto pastoral del sureste de los EEUU, que nucleaba toda la pastoral hispana del sureste en las diócesis de esta zona pastoral, con una considerable proporción de hispanos, en especial los cubanos en la Florida. Vizcaíno era padre espiritual de Luis y Maria Cristina, pero nunca los presentó. (María Cristina, con su proverbial humor, me comentó que Vizcaíno se portaba con ella «como el viejo rico con la amante joven», era una relación medio escondida). Mario, como pude comprobar más tarde, apreciaba muchísimo a la gordita, pero cuidaba mucho al SEPI, al que no quería ver envuelto en los líos y facciones de los cubanos. El «Vizca», con un grupo de jóvenes cubanos, entre ellos Luis, había fundado además «Amor en Acción», iniciativa misionera y de promoción en las regiones más pobres de nuestra América.

El encuentro con Mario Vizcaíno y con Luis fue impresionante, por su nivel de franqueza, espiritualidad y comunión. Le dije a Mario que era la persona mejor preparada y con más cualidades para unir a nuestra Iglesia y a nuestro pueblo, en ese momento, a ambos lados del Estrecho de la Florida, y le pedí que asumiera esa misión tan importante para nuestra gente. Pero él me dijo que no lo veía tan claro como yo. Que él estaba en un trabajo muy serio e importante para la comunidad hispana en EEUU y que no se podía desviar de ese camino, ni arriesgar lo seguro por lo probable. Los cubanos le tomarían todas las energías, pero el resultado era incierto. En las palabras de Mario se trasparentaba aquel refrán:

«reunir a los cubanos es fácil, unirlos imposible»

que recogió mi querido amigo Luis Aguilar León, en su inolvidable semblanza *«He aquí que el Profeta habla de los Cubanos»*. Una cosa me quedó clara: Mario tenía su camino y sus razones que había que respetar. Ha sido desde entonces mi amigo y mi más sabio y exigente consejero. Y el SEPI una de las mayores y mejor logradas iniciativas pastorales de la iglesia en los Estados Unidos.

Comunidad cubana del exterior

El viaje a EEUU y mis encuentros angelinos me convencieron de la enorme importancia que tendría para el futuro de Cuba la «comunidad del exterior», y lo que significaba para la nación cubana, (que incluye a «las dos Cubas»), el increíble éxito alcanzado por el exilio. De todas las inmigraciones en USA, la cubana, fue la que más alto llegó, en menos tiempo. Esto me recordaba aquella frase del Mío Cid que leí de niño en la biblioteca de mi pueblo: «¡Oh, qué buen vasallo si obiese buen señor!». Mis amigos me abrieron las puertas a la comunidad cubana del exterior, al más alto nivel y en la mayor profundidad. Qué parcial se me antojaba ahora mi novel librito sobre el futuro de la Iglesia en Cuba... ¡donde no decía una palabra de los cubanos del exilio! Los cubanos exiliados se mantuvieron fieles a su identidad, orgullosos de ser quienes eran y, en el caso de los católicos, en comunión con su Iglesia madre. El político italiano Gioliti decía que el más grande estadista en Italia sería el que lograra resolver «la cuestión romana». **En Cuba será, quien logre unir a los cubanos, de acá y de allá, en un verdadero proyecto de patria martiana: «con todos y para el bien de todos»**, que nos permita superar el drama y el trauma de la patria dividida, para vivir sin exclusiones ni divisiones, en verdadera solidaridad y libertad. ¡Amen!

A mi regreso a la Isla pude ver con mis propios ojos, en vivo y en directo, los «actos de repudio». Recuerdo la tarde en que, después de contemplar desde la ventanilla de la guagua en que viajaba uno de esos linchamientos incruentos, llegué a casa de Cintio y de Fina. Cuando empecé a hablar del asunto, Cintio, aprovechando que Fina había ido a la cocina para traernos un dulce casero, me dijo «por favor no vuelvas a mencionar el tema de los actos de repudio cuando vuelva Fina, ella está muy alterada con todo esto».

Cuando presenté a los obispos cubanos el resultado de mi viaje y de mi encuentro con el obispo Roque Adames, la respuesta fue «este horno no está para esas roscas». El gobierno hizo saber a la Conferencia Episcopal que no quería «secretariado para los no creyentes» en Cuba, abortando así toda posibilidad de trabajo bajo ese paraguas... Los obispos habían cedido ante la presión gubernamental. Como me dijo uno de ellos «si lanzan las turbas contra nosotros nos desaparecen en un minuto». Fue la amenaza que recibió Meurice cuando presentó un Ultimátum al gobierno por los actos de repudio:

«—Estamos dispuestos a denunciarlo a nivel internacional, si no detienen ya esta barbarie».

«—Cómo se atreve a amenazarme, nosotros podemos desaparecer a la Iglesia de un plumazo», le respondió el funcionario.

«—Inténtelo, y vamos a ver a cómo tocamos», fue la respuesta del primado. Lo cierto es que poco después cesaron los ominosos «actos de repudio».

Mi amistad con los miembros de mi abortado secretariado se mantuvo firme. Poco después, respondiendo a una petición de Meurice, elaboramos el informe para una posible visita del papa Juan Pablo a Cuba. Yo le había estado conversando sobre el tema en nuestros almuerzos del obispado y él me dijo: «todo eso pónmelo por escrito». Así lo hice, y entonces reuní, en casa de mi compadre José Navarro, a Dionisio y a Jorge, y entre los cuatro, analizamos, revisamos y enriquecimos mi borrador. El Arzobispo lo hizo llegar a la nunciatura. Fue el primer informe, con los pros y los contras, las cautelas y beneficios de esa visita papal para Cuba y su Iglesia. Por esas fechas en el grupo Universitario hicimos una carta invitando al Santo Padre a que nos visitara, que el Papa respondió cariñosamente. Tardamos 18 años en lograr la apetecida visita.

En verano del 79, en las convivencias sacerdotales que teníamos todos los años, un viejo obispo retirado, lanzó la quijotesca idea de celebrar un «Pueblita cubano». Habíamos estado estudiando por tres días los documentos de la Tercera Asamblea General del Episcopado Latinoamericano en Puebla y se veía que nuestra realidad era muy distinta de la reflejada por el documento Final de Puebla, de ahí la lógica «de hacer un Pueblita cubano». Desde el primer momento para mí fue claro que eso, y no mi proyecto de reflexión con los intelectuales, era lo que necesitábamos. **Una reflexión hecha por toda la Iglesia para descubrir «qué quería Dios de todo esto».**

Reflexión Eclesial Cubana (REC)

A pesar de la entusiasta acogida que tuvo la «quijotada» de Mons. Azcárate por parte de todo el clero, en la convivencia siguiente se constató que nada se había hecho. Entonces se nombró una comisión para sacar adelante la propuesta. Pero yo no fui nombrado, sino mi amigo Juan Quijano. Esa comisión dio a luz, con Mons. Adolfo al frente, el obispo de Camagüey, un primer proyecto, especie de toma de conciencia y elenco de temas y problemas. Para entrar en acción se nombró a Mons. Azcárate como presidente de la «Reflexión Eclesial Cubana» (REC). La primera reunión de despegue se hizo en el «Asilo Santovenia» con delegados sacerdotes y laicos, uno por diócesis y religiosos-as de la CONCUR (Conferencia Cubana de Religiosos). A esa reunión yo fui por primera vez: el P. Juan Quijano había salido a estudiar a Roma y Meurice me nombró para sustituirlo en la nueva comisión.

En Santovenia nadie sabía por dónde tirar. En el primer receso que hubo nos reunimos «en petit comité» el Padre Bruno, Juan de Dios, Tony Rodríguez y yo. Yo propuse que comenzáramos por una «encuentas de concientización» cuya primera pregunta sería: ¿cuáles son nuestros miedos? La idea era caer en cuenta dónde estábamos como Iglesia, y cómo nos sentíamos al respecto. Yo había leído en una «Vida Nueva» española un reportaje sobre el sínodo de Alicante y de ahí saqué las preguntas. Nuestra reunión se desbloqueó y así comenzó a rodar la formidable maquinaria de la REC. (A partir de este momento Azcarate se apoyaría en nosotros cuatro). En Santovenia quedaron configuradas las «comisiones de trabajo» de la REC: Encuesta, Historia y Teología.

Desde entonces yo no tuve más vacaciones. Además de representante de mi diócesis en la Comisión Central, lo que suponía dirigir todo el proceso en mi extensa diócesis, que en ese entonces comprendía tres provincias, era miembro de la Comisión de Historia. En el año 80 asumí la parroquia de San Antonio M. Claret en Sueño y dejé las clases en el Seminario. Seguía con todo lo demás. En el "Grupo Universitario», además de la ayuda de mi gran amigo Jorge Catasús, Dios me concedió contar con la hermana del Sagrado Corazón, Florencia de la Serna, argentina, prima hermana de la madre del Che Guevara.

Encuentro Nacional Eclesial Cubano (ENEC)

Los trabajos de la REC fueron in crescendo, hasta febrero de 1986, en que se celebró el ENEC (Encuentro Nacional Eclesial Cubano). Sin dudas el ENEC ha sido el acontecimiento eclesial más importante de la historia de la Iglesia en Cuba. Me tocó participar en la redacción de todos los documentos que se utilizaron a lo largo del proceso. En la parte histórica escribí lo correspondiente al siglo XVIII y XIX y todo lo referente a la «Breve Historia de la Evangelización en Cuba» en el Documento Final. Como equipo de Santiago en el Encuentro Nacional nos tocó el tema «Fe y Sociedad», que analizaba la relación con el Estado y la sociedad.

Tres arzobispos norteamericanos

En el año 85 ocurrió la visita de tres Arzobispos norteamericanos: el presidente de la Conferencia Episcopal de ese país, Mons. Malone y los Arz. Patrick Flores de San Antonio, Texas, y el cardenal Bernard Law, de Boston. Al llegar ellos a Santiago, Meurice me pidió que asesorara a Flores, que tenía la homilía esa noche. Yo le ofrecí una serie de datos históricos y culturales acerca de la relación entre nuestros pueblos e iglesias: el arzobispo escuchó con mucha paciencia mi disertación y esa noche, sin hacer caso alguno a mis doctos detalles, nos regaló una de las más hermosas homilías que he escuchado nunca. Desde ese día nos hicimos amigos. Cuando se barajó en la comisión central la lista de los invitados, yo propuse a Mons. Patrick Flores, que fue rápidamente aprobado. En el ENEC recibiría, de ese arzobispo excepcional, la invitación de visitar a sus fieles de origen cubano, con los que mantenía una profunda relación de trabajo y amistad.

Cuando Mons. Azcarate puso en marcha la REC, y ésta fue tomando vuelo, se dio cuenta que él no tenía la fuerza suficiente para llevar todo eso adelante. Hacía falta un nuevo presidente. Nos llamó a Tony y a mí, para saber lo que pensábamos al respecto. Mons. Jaime

Ortega había asumido la arquidiócesis habanera. Él había ordenado a Tony cuando era obispo de Pinar (Tony había tenido problemas muy serios por enfrentar a su Arzobispo, Francisco Oves, aquejado de serios problemas mentales, que culminaron con su renuncia a la mitra habanera). Yo estaba entre los discípulos predilectos de Jaime en San Carlos, (sus clases de moral eran excelentes) y nos llevábamos muy bien. Ambos conocíamos las cualidades de Jaime, y su aguda inteligencia. Además, la mayoría de las reuniones se realizarían en La Habana. Ambos le propusimos a Mons. Azcárate que lo sugiriera como presidente. La Conferencia Episcopal aceptó la sugerencia.

Mons. Jaime Ortega

Jaime asumió su nuevo cargo con verdadero empeño. Hizo un trabajo excelente, pero su liderazgo estaba lastrado por algunos inconvenientes. No se le podía llevar la contraria sin causar una crisis. A Juan de Dios, que fue nombrado por el mismo Jaime coordinador de La Habana, y que por lo tanto era el que más chocaba con él, Jaime lo comenzó a llamar «su Natán». A pesar de nuestras relaciones cordiales, yo también caí en la lista negra. Hasta el punto que al finalizar una de esas tormentosas reuniones en Peñalver, me fui al Arzobispado de La Habana y le dije: «Monseñor, yo no soy su enemigo». Conversamos y eso calmó un tanto las cosas. Mi última agarrada con Jaime fue en el ENEC, a raíz de una propuesta de moción hecha por Osvaldito Payá, el fundador del «Movimiento Cristiano Liberación» y uno de nuestros más lúcidos y comprometidos laicos, con una clara vocación profética y política. Un Jaime totalmente fuera de sí, a grito pelado, me reclamaba «cómo era posible que hubiéramos dejado que se colara esa propuesta». Le pedí que se calmara, y que yo conocía bien a Osvaldo y su amor por la Iglesia. Y no es que Jaime no tuviera algo de razón en lo que decía. El gobierno estaba muy nervioso con el éxito y la resonancia que la asamblea del ENEC estaba teniendo en Cuba y fuera de la Isla. Lo cierto es que el gobierno vería casi como una declaración de guerra si la propuesta de Payá se aprobaba en el plenario. Pedimos a José Navarro, que formaba parte del equipo santiaguero, que hablara, de laico a laico, con Osvaldo y le explicara la delicada situación, que podía comprometer el éxito de la asamblea. Osvaldo accedió de modo voluntario, a retirar su moción, tal y como le predije a Jaime.

Uno de los problemas que tuvimos que enfrentar fue la protesta de un grupo de mi propia gente, cuando ya se había programado la fecha del ENEC. Santiago y Holguín querían prolongar el proceso de la REC. Por eso yo traté de retrasar en la Comisión Central la fecha del ENEC. Pero el resto de las diócesis y el mismo Jaime estaban en contra de ese retraso. Las diócesis orientales habían hecho un trabajo formidable en la base, que requirió tiempo y esfuerzos muy grandes. Estábamos viendo lo resultados positivos de ese trabajo. Pero las otras diócesis tenían otro ritmo y otro enfoque. El trabajo de coordinación era muy importante y había que respetar los acuerdos a que se llegaba en la Comisión Central. Mi gente tenía una amplia y precisa información de todo esto. Por eso me sorprendió, y tengo que decir que lo percibí como una «puñalada trapera», una vez que en nombre de mi diócesis yo había llegado al acuerdo sobre la fecha de la magna asamblea eclesial, cursadas las invitaciones de los invitados y preparadas las condiciones. Meurice me había concedido un equipo de lujo: los dos diáconos, Dionisio García y Jorge Catasús, y las hermanas Carmen Comella y Florencia de la Serna, trabajaban conmigo a tiempo completo en la última etapa de la REC.

Con razón en la Comisión Central se sorprendieron de este inesperado giro de las cosas. Yo mismo fui sorprendido cuando leí la carta firmada, incluso, por uno de mis más cercanos colaboradores. El último día del ENEC todos los firmantes vinieron a disculparse. Carmen Comella les acepto las disculpas a nombre mío, pues a última hora, la comisión que debía redactar el Mensaje Final no lo había hecho, y me encomendaron a mí esa tarea. Hasta el final me tocó trabajar a destajo.

Estudios de filosofía en España

Terminado el ENEC mi arzobispo me nombró párroco de la catedral. De febrero a septiembre estuve en mi nueva parroquia. En ese mes, salí para España a estudiar filosofía, con especialización en marxismo, en la Universidad de Comillas. Jaime Ortega me dijo: «ya te darás cuenta que el marxismo es un fiambre. Pero mientras gobiernen los comunistas necesitamos gente preparada en eso, que asesore a la Conferencia Episcopal».

De hecho nos mandaron a estudiar a tres de los curas que más habíamos trabajado en la REC- ENEC: Tony y yo para Comillas-Madrid y Juan de Dios para la Gregoriana de Roma. Seríamos los primeros en regresar a Cuba, pues los otros que habían enviado antes, acabaron no regresando. Al llegar a Comillas me di cuenta que me quedaba tiempo libre de mis horarios de filosofía, y comencé a matricularme, en las horas libres, en teología. En los dos años, logre casi la mitad de los créditos que se necesitaban para la licenciatura. Pero además, había 4 asignaturas de los primeros años de filosofía de las que tenía que presentar examen, pues no me habían sido convalidadas. En una palabra, tendría que trabajar duro. Pero, la verdad es que siempre me han gustado los retos, y sacarle lo máximo a las oportunidades que Dios me da. Hice, a un tiempo, Filosofía y teología.

Al principio me sentía impresionado por la cultura filosófica de muchos de mis compañeros, por su dominio de los idiomas (verdadero handicap en contra para mi, pues con el aislamiento de Cuba nunca había sentido la necesidad de dedicarles tiempo). El padre Tornos, profesor que me asignó el vice rector para que me tutoreara las lecturas en mi primer año, me tranquilizó, «tú tienes más pasión que ellos. Ya los alcanzarás». De hecho, yo organicé, a los meses de llegar a España, un grupo con mis compañeros (quizá por «deformación profesional», después de los 10 años al frente de mi querido «grupo universitario de Santiago»). Nuestro vecino de habitación del Colegio Mayor le comentó a los demás: «los dos curas cubanos se reúnen todas las tardes a rezar y a reírse». Y era verdad. Rezábamos las vísperas y luego nos contábamos las incidencias del día. Siempre había algo de lo que reírse. La pasábamos bien. Los cubanos de Madrid nos detectaron enseguida, en especial el grupo de los antiguos federados de la acción católica cubana, que se reunían periódicamente, y nos recibieron con mucho cariño. Con ellos salíamos a sus paseos. De manera especial Papo y Nena de Santiago, antiguos vecinos de mis abuelos, que cada domingo nos invitaban a almorzar en Madrid. María, La hermana mayor de mi querida Carmen Comella, su amiga, Maria Gloria Estanillo y el esposo de Ma. Gloria, el arquitecto Osvaldo Tapia, también nos prohijaron a Tony y a mí.

El Arzobispo Mario Tagliaferri estaba de nuncio en Madrid. Cuando estuvo en Cuba me apoyó mucho con libros para mis clases del seminario. Ahora en Madrid, se convirtió en nuestro mayor valedor. Cuando Jaime Ortega se ordenó de obispo de Pinar viajé a Matanzas en el automóvil de nuncio. En Cuba atravesábamos por la dolorosa crisis que la enfermedad de Oves estaba provocando. «Haga algo, Monseñor. Aunque arriesgue su carrera como diplomático, salve a esta Iglesia», le dije. La situación de Oves estaba siendo utilizada por el gobierno para hacernos daño. Con lágrimas en los ojos, Don Mario me apretó la mano y me dijo: «no se preocupe, padre, yo estoy dispuesto a hacer lo que sea necesario por su iglesia». Como sucede en esos casos, removieron a Oves, pero nos quitaron a Don Mario, que fue trasladado a Perú. Desde allí nunca dejó de ayudarnos. Él envió al Padre Miguel Marinas para que nos diera retiros a curas y monjas en Cuba. El primer consejo que nos dio Tagliaferri, a pesar de la advertencia que nos dieran nuestros obispos «cero viajes», fue ir a Lourdes y él mismo nos pagó el pasaje. Fue una gran experiencia espiritual y lejos de distraernos, nos centró, desde el primer momento, en lo único importante: **nuestra vocación pastoral y el especial papel que María debía tener en nuestro seguimiento de Cristo,** cosa esta que yo había experimentado vivamente desde aquel lejano Jueves Santo en que me estregué al Señor.

Con nosotros había salido a estudiar un sacerdote habanero que nos acompañó a Lourdes. Era un viejo amigo mío, con una peculiar trayectoria. Nos conocimos en el Cobre y luego nos volvimos a encontrar en La Habana. Cuando el gobierno de Allende en Chile, Manolito Ortega fue invitado por unos sacerdotes chilenos del grupo «cristianos por el socialismo» a visitar Chile. Aunque villareño, él se incardinó en La Habana. Pero poco después de la experiencia chilena, dejó el seminario en medio de una crisis de fe. Otro sacerdote habanero, el P. Benigno y yo, lo seguimos apoyando con nuestra amistad. Al cabo de los años, Manolo se recobró y se ordenó. Benigno y yo estábamos a su izquierda y a su derecha durante su primera misa, en la parroquia de Benigno. Cuando se hizo en el Cobre el «Mes de Ejercicios» con el Padre Marinas, Manolito aceptó mi invitación y participó. Éramos 24 curas, casi todos amigos míos y como obispo, Meurice. Manolo lograba lo que nadie: permisos de restauración para su parroquia de Güira y su casa cural, conseguía los materiales de construcción... y además trabajaba en el tribunal eclesiástico con gran competencia.

Manolito fue enviado a España por Jaime, para licenciarse en derecho canónico. Desde antes de salir de Cuba, en los días en que nos embarcamos para España (yo fui el último en salir), un feligrés de Manolito me informó de serias irregularidades en su comportamiento al frente de su parroquia. Al llegar a España, Tony, que era de Güira, me lo confirmó. Yo me propuse hablar con Manolo. Pero los sucesos se precipitaron. Él empezó a dar problemas en España, enfrentando a Pedrín, que era sanluisero como yo, el cura que nos recibió en su piso, con el párroco. El obispo auxiliar de Madrid, García Gasco, que estaba a cargo de nosotros a petición de la conferencia, quiso mediar. Pero la ruptura fue inevitable. Años después supimos por una carta que dejó, y por declaraciones de la que fue su compañera sentimental y su contraparte como agente de la seguridad, que él estaba al servicio del gobierno para infiltrar a la Iglesia, y con la esperanza de colocar un agente al más alto nivel, en el episcopado. Manolo no regresó a Cuba. Murió joven, en Miami, trabajando en el tribunal eclesiástico. Al parecer, por la declaración de su excompañera, arrepentido de su triste papel, pidió que le devolvieran al Papa la casulla que éste le regalara para su ordenación.

Regreso a Cuba

Mi grupo se convirtió en el núcleo del «instituto de estudios krausistas» que Enrique Menéndez Ureña fundó en Comillas, poco después de mi regreso a Cuba. Todos los «filósofos» hicieron el doctorado con Enrique sobre algún aspecto de la obra de Krause o el Krausismo. Enrique dirigió mi tesis para la licenciatura en filosofía, que después se publicó con el título de «utopías». Mi tesis doctoral «el Krausismo en Martí» quedó sin hacer. Mi arzobispo me pidió regresar cuanto antes.

Al llegar a Santiago mi obispo me dijo que tenía «una parroquia tranquila para mí: sólo dos comunidades más bien pequeñas. Yo tendría tiempo para dedicarme a estudiar y escribir». Lo que no me aclaró fue que Palma tenía 80 000 habitantes y Contramacstrc 50 000, sin contar los campos: en total unos 250 000 habitantes. En mi primer viaje de Palma a Contramaestre, en un tren que parecía sacado de una película del Oeste, acompañado por mi predecesor, mi hermano Rafael Ángel, que iba de párroco para la Catedral, vi pasar desde la ventanilla del tren pueblo tras pueblo. —¿Nunca has visitado este pueblo?, le pregunté. —«No, me dijo, solo se trabajan las dos ciudades». La pregunta se repitió 7 veces más. Para recibir siempre la misma respuesta.

Efectivamente, las dos comunidades eran pequeñas. Unas 80 personas iban a la Misa del domingo en Palma. En Contramaestre, unas 40. Cuatro niños había en el catecismo de Palma. En Contra no había catecismo. Al mes de llegar comencé a visitar esos 8 pueblos que estaban entre Palma y Contramaestre. Tres años después, coincidiendo con la misión de la cruz, en 1991, tendríamos casi 50 comunidades del campo y 16 comunidades urbanas en Palma y 8 en Contramaestre. En mis dos parroquias, mantuvimos en misión la cruz por dos meses. Varias decenas de monjas venidas de toda la Isla nos ayudaron a evangelizar intensivamente en esos dos meses, en las ciudades y en los campos. Casa por casa, tocamos las puertas de las casas y los corazones.

Acto de Repudio

A los seis meses de comenzar mi labor pastoral me hicieron un «acto de repudio» en uno de los pueblos, llamado Candonga. Los jefes locales habían ido a ver al primer secretario del partido municipal diciéndole que, contra todo lo esperado, había llegado un cura nuevo y que decenas de personas incluso jóvenes y niños, estaban yendo a la Iglesia. El Primer secretario les dijo: «-no se dejen quitar el pueblo por el cura. Menos darle golpes, hagan con el cura lo que quieran». Yo había visitado ya, casa por casa, estos pueblos, y también había hablado con los delegados del poder popular, para explicarles quién era y lo que hacía. Al principio todo fue bien. Por casi treinta años no se había trabajado en esos pueblos del campo. Cuando pregunté a uno de mis predecesores me contó que él lo había intentado, pero que la gente tenía tanto miedo, que hasta se escondían del sacerdote, ¡ni le abrían la puerta! La persecución de los primeros tiempos y la concentración del poder en manos del gobierno militantemente ateo, hizo lo demás.

El caso fue que cuando fueron los dirigentes locales de Candonga, siguiendo lo sugerido por el secretario municipal, figura máxima del gobierno en esa zona, me quisieron expulsar del pueblo e impedir la celebración de la Misa. Era el Domingo de Pascua del año 1989, 6 meses antes de la caída del Muro de Berlín. Yo comencé la Misa. Había unas sesenta personas fuera de la Iglesia a la expectativa de lo que estaba pasando, y cuarenta dentro (eufemismo, pues la Iglesia de Candonga solo tenía tres paredes y no tenía techo). Entonces llegó la guía de pioneros, cantando himnos y coreando consignas con un grupo de niños de la escuela. Los precedía la bandera cubana, extendida entre dos niños. Ahí empezaron los problemas para «los atacantes»: entre los presentes había padres que no estaban de acuerdo con que les utilizaran sus hijos para «la pachanga terrorista» que habían armado los dirigentes. Y empezaron a protestar. Yo comencé a decirles al oído a cada niño: «soy tu amigo, estoy aquí para que conozcas que Jesús es también tu amigo». Los niños se fueron callando. Cuando hubo silencio yo les dije: Me alegro que estén aquí, porque la Iglesia es de Dios, y es la casa de todos Yo quisiera que entre todos cantáramos el canto de todos los cubanos». Y empecé a entonar el himno nacional. Los niños y la gente lo cantaron conmigo. Pero los dirigentes, y en especial la guía de pioneros, estaban fuera de sí. Y entonces, a mis espaldas, la guía se abalanzó sobre mí para pegarme. Los espectadores de dentro y de fuera comenzaron a gritar contra los dirigentes y a sacarles los trapos sucios: la esposa de uno era santera y daba sesiones en su casa. Los hermanos de la guía eran ladrones, y se había robado unos carneros de la granja estatal... ¡!

Los dirigentes se acercaron a mí para decirme que si yo terminaba la Misa ellos «perderían la autoridad moral ante el pueblo». —«Esa ya la perdieron, les dije, al pisotear las leyes del país que reconocen el derecho a practicar la propia religión. Ustedes tienen dos maneras de impedir que yo no termine la Misa: o me matan o me llevan preso». Gracias a Dios, decidieron hacer lo segundo. Por el camino la gente me pedía disculpas y me besaban las manos, «parece mentira que seamos cubanos, qué vergüenza lo que le hacen al padrecito». Y seguían criticando a los dirigentes y lo que estaban haciendo. Al llegar al puesto de policía no se atrevieron a entrarme dentro, porque el pueblo había rodeado el local y aunque ellos los echaban, la gente no se movía. Al fin entramos a la casita que servía como puesto policial. Yo les expliqué a los dirigentes que ellos habían cometido un acto muy grave e ilegal y que les iba a pesar. Ellos se decían unos a otros «no podemos con él, sabe mucho». Pero insistían en que ellos estaban autorizados para hacer lo que hacían. Pero de momento, todos se fueron y me dejaron sólo. ¿Dónde están mis acusadores? Le pregunté al carpeta. Pero no me supo decir. Hasta que recibió una llamada y me dijo que me fuera rápido.

Desde la pública telefónica llamé al Arzobispado. Pero el teléfono estaba roto. Llamé al seminario, a Juan de Dios, y le conté lo sucedido. Con las telefonistas me enteré de todo pues ellas había oído todas las conversaciones de los de Candonga con Hermógenes Vila, el primer secretario, y con el partido provincial. Yo salí de Candonga enterado de hasta el último detalle. Meurice vino a verme a Contramaestre, donde yo tenía Misa a las 5 de la tarde. No pudo estar en la presentación del nuevo nuncio, el madrileño Faustino Sainz, en la catedral santiaguera. Lo sucedido en Candonga tuvo una enorme repercusión. Esa misma noche el «ministro de cultos» José F. Carneado, llamó a Jaime Ortega, el arzobispo de La Habana, «para disculparse por lo sucedido en Candonga». Jaime no tenía ni idea de donde quedaba Candonga. Pero su vicario, Carlos Manuel de Céspedes, cuya familia tenía una finca en Candonga, le dijo que era cerca de Palma. De ahí dedujeron que yo era el cura del conflicto. Jaime, informado con detalle por Meurice y el nuncio, llamó a Carneado y le dijo que aquel «era el acto más grave contra la Iglesia que él recordaba en mucho tiempo». El lunes, cuando llegué al obispado, el nuncio me recibió con una sonrisa, pero me dijo: «Padre, padre, ya no estamos en Madrid, estamos en Cuba. Hay que ser prudentes». Yo le respondí:

—«Monseñor, estamos en Cuba, no en Madrid: ¡hay que ser valientes!».

Lo cierto es que Vila fue relevado del cargo. Me convertí en un héroe popular: vinieron a felicitarme las iglesias protestantes, las logias masónicas y la gente del pueblo. Enviaron como nuevo secretario a Eugenio Cuevas, idiológico del partido provincial, un hombre serio y competente.

Siempre me he preguntado ¿Cómo es posible que un pueblo tan lleno de miedo por años saliera ahora a la defensa de un cura e incluso se enfrentara a los del partido? Entre un momento y otro, habían ocurrido muchas cosas.

El libro «Fidel y la religión» de Fray Beto

Fray Beto, un dominico brasileño, que sufrió cárcel bajo las dictaduras militares de su país, había conversado en Nicaragua con Fidel Castro. Lo convenció de que no era positivo para la revolución ser enemiga de los cristianos, que eran abrumadoramente mayoritarios en Latinoamérica. Además como lo probaban Chile y Nicaragua, eran parte importante de los movimientos progresistas. Cuba era un mal ejemplo, con su obsoleto enfoque estalinista de la religión y los creyentes. Fidel le dio entrada a Beto en Cuba. Y Beto entró en contacto conmigo. Paró en mi casa cuando fue a Santiago, para ver a los obispos, reunidos en El Cobre. A mí me llamaba «padre Abraham», porque decía que fui el único que creyó en él y en la labor que estaba haciendo. Luego se publicó su entrevista «Fidel y la Religión». Era increíble ver a militares con sus trajes verde olivo y sus barras en el hombro, leyendo el libro y las catequesis de Beto, en la guagua. Cuando Beto fue a la presentación de su libro en Santiago, yo fui invitado por el partido a recibirlo y despedirlo en el aeropuerto (¡hasta entré en el avión privado del comandante!) y asistí al almuerzo que le dieron con la plana mayor del partido y del gobierno en un hotel en las afueras de la ciudad. Años después, cuando Fidel dijo en Brasil, en presencia de Beto, en una reunión con las comunidades de base, que nuestros obispos estaban vendidos al imperialismo, escribí una carta a Beto, echándole en cara su silencio cómplice ante esos infundios. Nunca recibí repuesta de él y no lo he vuelto a ver, a pesar de sus frecuentes viajes a Cuba.

Lo cierto es que el libro hizo pensar a la gente «que ya se podía ir a la iglesia», que ya se podía ser cristiano sin buscarse un problema, sin perder el trabajo o el derecho a estudiar la carrera de su preferencia. En el año 1979, cuando comenzó la visita de los familiares del exterior, eso también conmovió a mucha gente, cuya familia siguió practicando la religión y creyendo en libertad y exhortaba a sus familiares en Cuba a volver a la fe y a la práctica religiosa. Y la supervivencia misma de la Iglesia, que se aferró a la vida con las uñas, y que contra los pronósticos de los jefes del partido y de algún jerarca vaticano, (ambos vaticinaron. en 1961, 20 años de supervivencia para la Iglesia en Cuba). Pero la Iglesia «se mantuvo firme, como si viera al invisible».

Perestroika, Glasnot y caída del Muro

Además, ya estaban llegando a Cuba, con gran alarma de los dirigentes, los aires de la perestroika y la glasnots soviéticas. Cuando en 1989 se vino abajo el muro de Berlín y poco después regresaron los cadáveres de los muertos en Angola, a mucha gente se le cayó la venda de los ojos. En el 91 ya sobrevino «el período especial en tiempo de paz», ¡la vida económica se contrajo hasta el hambre! Y se desplomó todo el tinglado de cierta prosperidad pobre, mantenida gracias a los subsidios soviéticos (3 o 4 mil millones de dólares por año). Fue la debacle.

En Cuba resurgió la oposición. La comisión de defensa de los Derechos Humanos, de Gustavo Arcos Bergnes, (asaltante al cuartel Moncada y luego embajador de Cuba en Los Países Bajos), el «movimiento cristiano liberación» de mi amigo Osvaldo Payá Sardiñas, y otros más, (algunos «creados» por el gobierno, incluso) proliferaron. Cuando funcionarios del partido le comentaron a María Cristina que eran solo unos «grupúsculos» sin importancia, ella les respondió:

—«tan grupúsculos como los doce apóstoles de Jesús y los barbudos de Fidel en el 56... y miren hasta dónde han llegado».

Además «Radio Martí» mantenía informada a la gente de lo que pasaba en Cuba y en el mundo, lo mismo que las radios inglesa, holandesa, alemana y española, que la gente escuchaba con sus aparatos de fabricación soviética... Todo esto y otros muchos factores, abrieron los ojos del pueblo, sólo acostumbrado al bombardeo de la propaganda oficial de radio, prensa y televisión (sin contar los adoctrinamientos de escuelas e instituciones oficiales), todas en manos del gobierno (CDR, Comités de Defensa de la Revolución; FMC, Federación de Mujeres Cubanas; OPC, Organización de pioneros de Cuba; CTC, Central de trabajadores de Cuba; FEEM, Federación de Estudiantes de Enseñanza Media; FEU, Federación de Estudiantes Universitarios. Sin contar con el PCC y la UJC -partido y juventud- comunistas...)

En medio de este caldo de cultivo la represión comenzó a recrudecerse. Incluso dentro de las filas del Partido, como fue el sonado caso del general Ochoa y del ministro del Interior, José Abrantes. Y los hermanos de la Guardia, e incluso, el tercer hombre de la nomenclatura, Aldana, y el ministro del Exterior, Robertico Robaina. Cuba, además, perdía los socios comerciales de tantos años: la RDA, Polonia, Checoeslovaquia, Rumanía... y la infinita ayuda soviética. Cuando Fidel Castro leyó en un discurso televisado la lista de productos que estarían en falta, llevó horas. Fidel no salía del televisor... hasta los niños reclamaban sus muñequitos perdidos... Solo se podía ver al máximo lider, con su cantinela inagotable de desgracias.

Yo veía que de sábado en sábado mis fieles en Palma iban enflaqueciendo. Veía lo mismo el domingo en Contramaestre. Ahora bien, en otro orden de cosas: nuestras comunidades habían crecido tanto que tuve que poner gradas en la Iglesia de Palma y no sé cuántos bancos nuevos en Contramaestre. El catecismo de Palma era de más de cien niños y Contramaestre también tenía un buen número. Pero yo seguía siendo uno solo.

¿Cómo pude hacer frente a tanto trabajo?

Gracias a la ayuda que nos llegó a través de nuestros hermanos del exilio: Miguel Ángel y María Rosa en Los Angeles y Pepito y Graciela en New Jersey me había hablado de «los talleres de oración» del P. Larrañaga, y gracias a su entrenamiento y con los libros que me dieron, yo mismo comencé los talleres en mis dos parroquias. Cientos de personas pasaron por «Talleres», y lo mismo fue en las comunidades del campo. De allí salieron los líderes, los catequistas y los cristianos convertidos que serían «sal de la tierra y luz del mundo» en nuestra amplia zona pastoral.

Además vivíamos dando misiones, en la ciudad y en el campo. Para esas misiones yo pedía ayuda a monjas de toda Cuba, también a laicos de catedral, mi última parroquia en Santiago. Esa labor fue especialmente intensa durante la «Misión de la Cruz». Fui el sacerdote que tuvo por más tiempo la cruz en toda Cuba: por dos meses. Primero un mes, y luego cuando falló otra parroquia que la había pedido por un mes, la volví a tomar. Llevé la cruz en tren, en carro, en camión, a pie y a caballo. Esas misiones eran yendo casa por casa, sin dejar a nadie fuera. Podíamos decir con Pablo, «que mientras nuestra casa exterior se iba destruyendo, adquiríamos una casa eterna en el cielo». Especialmente quiero recordar la ayuda que el hermano de la Salle Osvaldito Morales y la hermana del Sagrado Corazón, Loli Villalón, me brindaron en esos años.

Pero el deterioro no era sólo físico. Moralmente el pueblo atravesaba un momento muy difícil: se había perdido la «fe en la revolución», impuesta de tantas formas, pero vaciada de sentido, por el «desmerengamiento» del mundo comunista y al conocerse los horrores del totalitarismo soviético y de sus satélites. Llegó un momento en que la consigna «treinta y cinco y pa´lante» (referido a los años de revolución), se cambió en «treinta y cinco… ¡y pa´dónde!» El gobierno comenzó a dar palos de ciego en todas direcciones, a un pueblo que luchaba por sobrevivir, entre la ilegalidad y el desencanto.

Mis homilías se fueron radicalizando.

La gente abusada por la policía, en especial la policía política, venía a verme y me pedía intervenir. La madre de una joven protestante, abusada sexualmente por un hombre que tenía seis causas pendientes, pero se había librado de la cárcel por la repetida intervención de un familiar coronel, vino a verme desesperada. En el pueblo entero se hablaba del caso. Y la gente decía al padre y hermanos de la muchacha, que tomaran en su mano la justicia, que estaba siendo pisoteada por los poderosos. Yo fui a ver al secretario del partido y le expuse el caso. Le dije:

> Es muy peligroso cuando la gente no encuentra justicia donde debe y la quiere tomar por propia mano, y no de acuerdo a los canales institucionales. Esto ya se convierte en un problema político.

El Señor Cuevas llamó al segundo secretario que le confirmó lo que yo le había dicho. Antes de una semana el abusador fue detenido y enjuiciado.

Casi cada sábado yo denunciaba con nombres y apellidos, a los policías o autoridades implicados en casos de violación de los derechos humanos. Pero la represión no tardó en recrudecerse contra mis laicos. Hasta el punto que reuní al consejo parroquial de Palma y les dije: «no hablo más, al fin, ustedes son los que acaban pagando los platos rotos». Pero ellos me dijeron: «No, padre. Nosotros estamos dispuestos a sufrir lo que sea. Usted es nuestra voz, y la de Dios, en este pueblo. Usted no puede callarse». Lo mismo sucedió en Contramaestre. ¡Todavía me emociono al recordarlo!

Lo que colmó mi paciencia fue que, en un viaje a EEU, me reuní con mi amigo José María de Lasa, por ese tiempo abogado de la Bristol Myers, una transnacional de la medicina. Él consiguió un millón de dólares en medicina. Y yo me entrevisté con el Arzobispo de Nueva York, el cardenal O'Connor para que hablara con el presidente Bush (Padre). El presidente americano permitió la salida de la medicina de USA con destino a Cuba. Pero cuando regresé a Cuba, el gobierno cubano no dio la aprobación para que la medicina entrara en la Isla. Sondra Miranda, joven madre de una niña del catecismo de Contramaestre, murió por falta de medicina para el asma. Y la madre de mi amigo Dagoberto Estrada, feligrés de Palma, por falta de eparina, en el hospital provincial de Santiago. Y una de las Cornejo, por falta de medicinas para atajar un infarto, en el hospital de Palma. Mi estado de crispación y angustia era muy grande, bordeaba la desesperación.

Sentí que yo ya no podía callar por más tiempo

Ese fue el contexto de mi salida fuera de Cuba, para consultar con Luis Pérez, María Cristina y Carlitos García, mi decisión de publicar todos los trabajos y estudios que había ido elaborando sobre la situación de la Isla. Yo llevaba años diciéndole a los obispos que tenían que escribir sobre lo que estaba pasando en Cuba, denunciando lo que ocurría en el país. Pero sin juzgar a los obispos, sentí que yo ya no podía callar por más tiempo. Yo había presentado varios trabajos en reuniones del clero diocesano y nacional, y en reuniones laicales. Había enviado copia de todo a la nunciatura, para informar al Vaticano. Pero eso no era suficiente: sentía que Dios me pedía hacer más.

Sin decirle nada a Meurice de mi proyecto, para no comprometerlo, me fui a República Dominicana y de ahí a Miami. Sí lo había comunicado a mi confesor y al secretario de la nunciatura, Mons. Michael Courtney. Michael me subió a su habitación (yo nunca había estado en la segunda planta de la nunciatura) y sacó una botella de Whisky de su tierra (Irlanda) y brindó conmigo. «Lo felicito y lo admiro. Es Ud. un buen cura y un buen patriota», me dijo. Me confesó que él también estaba sumamente preocupado por todo lo que pasaba en Cuba y por el silencio de la Iglesia. Él había pensado hablar directamente con Fidel Castro sobre la situación. Y logró el apoyo de Aldana, entonces el tercero en el poder y de Robaina, el canciller, que no se atrevían a hacerlo ellos, pero estaban dispuestos a ayudar para que él hablara con Fidel. Pero en eso llegó el nuevo nuncio y acabó su interinatura. Poco después se fue a representar al Vaticano en Egipto.

Ya en Miami, y con la aprobación de mis amigos (María lloraba sin parar en aquella reunión, que tuvimos en «Mangaya», el cuarto de huéspedes de su casa), me fui de retiro espiritual a una casa que Carlitos tenía en la playa. Fue allí donde decidí, además, escribirle al jefe del Estado una carta abierta, y en ese clima de oración la hice. Yo estaba seguro que aquello me costaría la vida, y en las misas de cada día renovaba mi ofrecimiento a Dios, por el bien de mi patria y mi pueblo. Luego, por consejo de unos buenos amigos y un contacto con alguien que trabajaba en el Vaticano, salí para Roma. Me consiguieron una entrevista con Mons. Sandri, de la Secretaría de Estado de la Santa Sede. Sandri fue muy atento. Y al final de la conversación me dijo: «al regresar a Cuba hable con el nuncio. Infórmele de todo a él». Y me abrazó diciéndome: «¡Ojalá que un día pueda darle este abrazo en su patria libre»! En Madrid me reuní con Marcelino Oreja, excanciller español, amigo de José María Aguirre, un empresario vasco que conocí estando de párroco en la catedral de Santiago, y con Yago Pico de Coaña, el director de Iberoamérica en la cancillería española, viejo vecino y amigo de la familia de Felipe Ronda, a quienes puse al tanto de la situación en Cuba y de mis proyectos. De todo el mundo recibí apoyo, incluso cariño y admiración. Sin saber nada de lo que yo estaba pasando, Hilda Ravilero, conocida presentadora de televisión en Cuba, hija y sobrina de dos grandes artistas, Eloísa y Guillermo Álvarez Guedes, que fue a encontrarme al finalizar una Misa mía, me dijo, llorando: «No sé por qué me siento tan emocionada después de su Misa. Permítame que lo abrace ¡y que Dios lo proteja!».

Antes de regresar a Cuba comuniqué mi decisión a Andrés Openhaimer, autor de *«La Hora Final de Castro»*, gran amigo de María Cristina, y periodista puntera del Miami Herald: había ganado el Pulitzer. Prometió ayudarme. Con él hice una larga entrevista telegrabada, que se haría pública con la carta. El Herald publicaría mi carta, un artículo de Openhaimer comentándola, y la página editorial, escrita por David Lawrence, director del periódico. Para no vincular tanto mi carta a Miami, (la «diabólica capital de la maldad» para los dirigentes cubanos), saldría antes en Europa, por «Le Monde» de París. A mi paso por Santo Domingo hice contacto con varios periodistas de allí y lo mismo se hizo a través de la CLAT, Confederación Latinoamericana de Trabajadores Cristianos, de Caracas, en cuya directiva había un grupo de jocistas cubanos, con contactos de prensa en todo el continente. Todo quedaba preparado, esperando mi orden de ejecución desde Cuba,

Conversación con el nuncio Stella en La Habana

El nuncio Stella me recibió en la nunciatura. Me escuchó con atención y al final de mi largo relato, me dijo: «No siga adelante sin hablar antes con su obispo. Es muy importante». Yo salí enseguida para Santiago. Pero al llegar allá y pedirle conversar, Meurice me dijo que estaba ocupado. Y me dijo lo mismo al día siguiente. Estaba enfadado conmigo y no quería ni escucharme. Pero el nuncio lo llamó por teléfono y le preguntó: «¿Ud. no ha hablado todavía con el padre Conrado? Monseñor es urgente que hable con él». El obispo me recibió el mismo día que debía dar la «orden de salida». La conversación no pudo ser peor. Me increpó sin dejarme hablar. «Me tienes cansado». Y nos mandamos mutuamente muy lejos. Los gritos se oían por todo el arzobispado. Así no se podía seguir conversando y yo me levanté y me fui. Meurice era un hombre paciente, que sabía escuchar y respetar. Su comportamiento era inconcebible para mí, y realmente inusitado. Al llegar a casa de mi madre me encerré en mi cuarto y pedí que no me molestaran. Por la tarde, el arzobispo me mandó a buscar. Yo fui a casa de mis compadres José y Jenny. Hablé con Navarro y cuando llegó la hora, mi querido amigo me acompañó al obispado, y me espero hasta el final. Era el nueve de julio de 1993.

Para vergüenza mía, Meurice se adelantó en pedirme perdón. En verdad «nunca es más alto el bambú que cuanto más bajo se inclina». Yo también se lo pedí a él y tuvimos una larga conversación, de padre a hijo y de hijo a padre, que acabó cuando él me dijo: «te ruego que no publiques tu carta, porque dañaría la que nosotros publicaremos en breve». ¡La carta que tanto había pedido a los obispos! «Padre, no hay más que hablar, la carta de Uds. hace innecesaria la mía». Entonces llamé por teléfono a María Cristina y le dije que detuviera el mecanismo. Todo el mundo guardó silencio y nada se filtró a la prensa. Todos sabían a lo que yo me exponía con esa decisión de publicar la carta y los papeles. Y nadie quiso exponerme con su indiscreción, una vez que se supo mi paso atrás. Eso sí, le dije a mi obispo «yo atraso mi decisión». Pero si en tres meses no había carta episcopal me sentiría libre de mi compromiso. Un obispo amigo luego me diría: «tu Ultimátum fue decisivo para que saliera en fecha nuestra carta. Estábamos conscientes que seguirías con tus planes si no lo hacíamos así».

El Amor todo lo espera
El 8 de Septiembre, Fiesta de la Virgen de la Caridad, se hizo pública «El Amor todo lo Espera». Me sentí feliz y satisfecho. Mi carta y mis papeles fueron debidamente engavetados, sin resquemores y en paz. «El Amor todo lo espera» es el documento más certero, justo y sabio, a un tiempo, mesurado y valiente, que hayan firmado los obispos cubanos.

La carta de los obispos, desató una avalancha de ataques por parte del gobierno en toda la prensa, escrita, radial y la televisiva. Y esto provocó otra avalancha: la de la gente que inundó obispados y parroquias para buscar la carta episcopal. Nuestros fieles y el clero apoyaron a los obispos y el pueblo en general vio retratada su realidad, con una mirada misericordiosa y sincera, llena de amor y de esperanza, y de propuestas de solución: la carta devino así, una bocanada de aire fresco en un ambiente viciado por la desinformación, el inmovilismo, la represión y la mentira.

Inmovilismo

Si una palabra definía la situación era «Inmovilismo». El que se mueve no sale en la foto. Para los de dentro o fuera del partido, esa era la política real del gobierno. Ganar tiempo, día a día, para mantener el poder y mantenerse en él. María Cristina lo expresó en una reunión con dirigentes cubanos (claro, del partido):

—«Uds., los comunistas cubanos, están ante un dilema 'el poder o la Patria', o dejan el poder para salvar la patria, o se cargan la patria para mantenerse en el poder».

En 1992, cuando le pregunté a Jorge Domínguez como veía el futuro de Cuba, me dijo: «Mal, muy mal. Ellos tienen la fuerza suficiente para mantenerse en el poder pero no para resolver los problemas del país. Será un ocaso largo y doloroso». Lo que provocaba miles de problemas en la vida cotidiana. **Era un país en quiebra económica y moral que iba a la deriva y sin remedio**. Y los conflictos y problemas in crescendo. Mis homilías seguían respondiendo a esa realidad según el principio barthiano: «con la Biblia en una mano y el periódico en la otra». Un día Meurice me mandó a buscar. «Te prohíbo hablar de la realidad política». «Aquí todo es político y Ud. lo sabe, le contesté. Si no lo aplico a la realidad que está viviendo el pueblo, no estoy haciendo homilía». «Tú, lee la Palabra, y la repites, pero sin tocar la realidad. Si no me obedeces estoy dispuesto a desautorizarte delante de la comunidad». «Tan lejos no hay que llegar, Monseñor. Yo he obrado en obediencia a mi conciencia. Pero Ud. es el Pastor. Si me lo manda en estos términos no me toca más que obedecer», le dije. El obispo me abrazó llorando. «También yo quisiera hablar, pero debo obedecer a los que están por encima de mí». Entonces me contó como Pérez Serantes, su antecesor en Santiago, le dijo un día llorando: **«muero como un perro mudo»**, porque cada vez que hablaba le cogían preso a un padre de familia, o un joven estudiante, y entonces pagaban los inocentes por el obispo. «Yo sé bien de lo que Ud. habla. Ya he pasado por eso», añadí. En mi defensa salió Claudio, el secretario de la nunciatura. Fue a mi parroquia, se quedó tres días y vio cómo era mi vida y mi trabajo. Conversó con mis fieles. Y al final se enfrentó con el nuncio y la conferencia. «—Dejen tranquilo a José Conrado que está haciendo lo que debe. ¡Ojalá que tuviéramos más curas como él!», les dijo.

Claudio y su jefe, Beniamino Stella, me fueron muy cercanos. Don Beniamino, como Claudio, leía mis trabajos y me los comentaba. Me envió una impresora lasser, la mía era muy vieja y mala, y él pasaba trabajo leyendo mis cosas. Ellos me pusieron en contacto con otros miembros del cuerpo diplomático: pensaban que sus colegas debían conocer «la otra Iglesia», la de provincias, no sólo a los habaneros. También me conseguían libros, tan importantes cuando, como sucede en Cuba, uno vive sin fuentes alternativas de información. La nunciatura en Cuba nos ayudó y protegió siempre. A diferencia del gobierno que siempre ninguneó a la Iglesia cubana, incluso a los obispos, el Vaticano trataba de empoderarnos.

Carta Fidel Castro

En el fatídico año 94, ocurrieron cosas terribles: el hundimiento del remolcador «13 de marzo», la crisis de los balseros y «el maleconazo». Un barco lleno de personas, en especial mujeres y niños fue hundido por lanchas patrulleras de Cuba. A fuerza de manguerazos de agua arrebataban a las madres sus niños, que se ahogaron en el mar. La gente desesperada, se lanzaba al mar en frágiles balsas, a veces en cámaras de camión. Murieron miles en el Estrecho de la Florida. Y hubo un levantamiento del pueblo en La Habana. La salida de los tanques y de tropas antimotines provistas con los más sofisticados armamentos, sorprendió al pueblo. Nadie sabía que en Cuba existían esas armas. Todo se supo a través de «Radio Martí», estación creada por el exilio para informar a los cubanos de acá. Fue entonces cuando leí mi «carta a Fidel» frente a unas 600 personas en el templo parroquial de Palma Soriano, el 8 de Septiembre, fiesta de la Virgen de la Caridad. Al finalizar la homilía, dije: «Ahora pido a esas ovejas locas que vienen a escucharme para luego informar, que hagan llegar a su destinatario la carta que voy a leer». Cuando dije «Doctor Fidel Castro Ruz» el silencio que se hizo fue impresionante. Al finalizar, todos se pusieron de pie como un resorte y empezaron a aplaudir atronadoramente. Cuando cesaron los aplausos, a una sola voz, la gente cantó el Himno Nacional. Aquello fue electrizante.

La reacción del gobierno fue más bien moderada. Cuando seis meses después la carta llegó a la prensa del exilio y se publicó en el mundo entero, el gobierno sí reaccionó. Pidieron a Meurice que me sacara de Cuba. Dijo que no. De mi parroquia, dijo que no. «Él no ha hecho más que decir lo que piensa, y eso no es delito», respondió a las autoridades. Pero en Palma, «la Seguridad» decidió darme muerte, a través de un accidente provocado. Lo que nunca se imaginaron los del complot es que uno de los participantes iba a informarlo a un pariente, amigo mío, que me alertó. Antes de las dos horas yo sabía del complot. Por tres días no saqué el carro. Al tercer día, llamé a mi amigo Luis Pérez y le pedí que grabara: «tal día a tal hora la seguridad del Estado decidió darme muerte mediante un «accidente». Si algo me pasa, haz pública la grabación para que el mundo sepa que ellos me mataron». Yo sabía que mi teléfono estaba pinchado. Esto tuvo un desenlace casual. Estando de visita en casa de un matrimonio amigo, el yerno, delegado del poder popular, me dijo que el presidente (del municipio) los había llamado para hablarles de mí. «Siii ¿y qué les dijo?» –«Si ven al cura por la calle, no le den la mano… le dan un abrazo. Y si les pide algo se lo dan. Con esto quiero dejarles bien claro… ¡No se puede tener problemas con ese cura»! Al año, Meurice cuando ya se cansaron de pedírselo, él, motu proprio, me mandó a estudiar. Esta vez fue periodismo. Escogí Salamanca porque el rector de la Universidad era mi querido y viejo amigo José Manuel Sánchez Caro. Cuando discutía con Meurice sobre lo que debía estudiar, me dijo: «Mira José Conrado, te tienes que ir a estudiar aunque sea corte y costura». Yo entendí. Cuando Mirta, la hermana social y ama de llaves del Arzobispado, fue cuestionada por sus hermanas de congregación ¿cómo es posible que Meurice saque a José Conrado de Cuba? Ella respondió: «no sé sus razones, pero lo cierto es que nunca lo he visto más triste que en estos días». Alguien me dijo entonces, «quizá te han utilizado como pieza de cambio para mostrar buena voluntad con el gobierno, y así facilitar las negociaciones para la visita del Papa a Cuba». Cuando me despedí del nuncio le dije ¡qué pena, tanto que trabajé para la visita del Papa y no estaré acá cuando él venga! Él me respondió: «no se preocupe, padre, yo mismo me ocuparé de que pueda estar Ud. con nosotros durante la visita». Cumplió su palabra.

Despedida y fuera de Cuba

La despedida de mis comunidades fue traumática. Tres meses antes de mi partida llegaron mis queridas monjas «Carmelitas de la Caridad», o «Vedrunas». Fue mi último regalo a mis queridas parroquias. Me sustituyeron tres sacerdotes, dos en Palma (misioneros guadalupanos) y un secular en Contramaestre. Eso me daba paz, mis feligreses quedarían bien atendidos… pero la tristeza fue la constante en mis primeros seis meses en Salamanca, una bellísima ciudad, llena de estudiantes. Cada tarde regresaba al Colegio Mayor Oriental, donde vivía, bebiéndome las lágrimas. Era el peor momento del día. En las mañanas, asistiendo a teología, por primera vez en mi vida, me quedaba dormido en las clases. Tenía una depresión de antología.

El estar fuera de Cuba me permitió visitar a los cubanos del exilio con frecuencia. Así conocí a Carlos Saladrigas. Él y un grupo de empresarios y hombres de negocio, se opusieron a que de Miami viniera un barco con mil cubanos, para la visita Papal. Presionaron al arzobispo Favalora hasta que éste suspendió el viaje, que estaba a cargo del obispo Wenski, su auxiliar. Después de lograr su objetivo les entró escrúpulos y me llamaron para saber mi opinión. Estaban Manuel Jorge Cutilla, presidente mundial de Bacardí, Carlos de la Cruz, Carlos Saladrigas, los Fanjul y otros prominentes empresarios cubanos. Les dije que no estaba de acuerdo con lo que habían hecho. Al contrario, debían enviar no uno, sino 10 barcos llenos de cubanos y así trasmitir al pueblo de la Isla un claro mensaje de amor y de paz, que desmentiría la propaganda oficial que presentaba al exilio como enemigo de Cuba. Ese sería el nacimiento del «Cuba Study Group». El día que me reuní con los empresarios me acompañó Luis Pérez. Él y María Cristina me visitaron en España en el verano del 87. En la ciudad de Málaga, en la casa sacerdotal, había surgido, tras una larga conversación, lo que entre nosotros llamábamos «el proyecto Málaga», que luego tomó carne en el CSG. Junto a los intelectuales y académicos, ya organizados en el IEC y los sindicalistas agrupados en la CLAT, este grupo representa a los empresarios y ejecutivos, que responden a una lógica no divergente pero sí diferente, y complementaria, de los dos ya existentes con anterioridad. Desde una propuesta pacífica y cooperativa unir el exilio con sus experiencias y aptitudes a la reconstrucción de una Cuba «con todos y para todos», iba tomando forma.

Estando en Salamanca publiqué mi trabajo de grado para la licenciatura en filosofía «Utopías». Es una reflexión a partir de la cultura cubana y su propuesta de integración en la diversidad, desde las claves que nos ofrece la filosofía de Karl Otto Apel y de Jurgen Habermas, para proponer el diálogo como cauce para resolver los problemas nacionales, un diálogo sin exclusiones, tal y como lo había propuesto la REC y el ENEC. Como en Comillas, Salamanca supuso una puesta al día 10 años después de mi primera salida de estudios. Estudié periodismo y terminé teología. Me gradué de lo primero, no así de lo segundo. Mi tesis de periodismo lleva por título «El fenómeno de la disidencia en los países totalitarios y postotalitarios». Aunque estudia de modo más profundo el totalitarismo marxista, y de manera especial sus mecanismos de coacción y manipulación, personal y social. Será publicada próximamente. De teología no me gradué por ser solidario con un condiscípulo. El día final de clases, ya para comenzar los exámenes de fin de carrera, se acercó a mí Luis Verjano, un joven compañero de periodismo, al que un profesor le había perdido su examen y a resultas de esto, y por complicaciones que no vienen al caso, iba a perder el año. ¿que le digo a mis padres, que se han sacrificado tanto por mí?, me dijo llorando. Luis se ayudaba trabajando de mesero por las noches y era un tipo excelente. El primero de su familia en ir a la universidad.

Me vi ante una disyuntiva. Pensé, si me meto en esto habrá consecuencias. Podrán decir: tuvo problemas en Cuba con el gobierno, y en España con la Universidad. El problemático es él. Pero al momento pensé «si me enfrenté con los comunistas por defender la justicia, ahora que el fallo es de la Iglesia, ¿me voy a callar?». Eso hubiera sido inconsecuente e hipócrita. Además, estaba frente a un inocente pisoteado. ¡No podía pasar de largo! «–Luis, no te preocupes que esto lo vamos a resolver», le dije a mi amigo. Al otro día reuní a todos los compañeros de año. La gente estaba complicada, con los exámenes a las puertas, pero fueron a la reunión, donde decidimos presentarnos todos ante el decano para que se hiciera justicia con Luis. Nadie faltó a la cita: llenamos el decanato, El decano cedió. Pero a mí me cayó encima, desde ese momento «un vendaval de piojos». No me pude graduar de teología.

Visita del papa Juan Pablo II a Cuba

En enero del 98 fue la vista del Papa a Cuba. En octubre vi a Meurice en casa de María Cristina. Estuvimos hablando en privado por más de una hora. Le dije que sería una vergüenza que el Papa fuera a Cuba y nadie hablara de la verdad de lo que estaba pasando allá. Que si él no lo hacía yo dudaba que ningún otro se atreviera:

—«**Monseñor, yo espero que el León del Oriente ruja**».

Quince días antes de la visita llegué a Santiago y fui a almorzar al obispado. Estábamos almorzando los dos solos, pues todos los curas estaban en los líos de la visita. Al salir del comedor, se viró y me dijo: «muchacho, el león es un ratón, pero va a rugir de todas maneras». El discurso de bienvenida del Arzobispo dio la vuelta al mundo y conmovió al pueblo cubano: 13 ovaciones para menos de dos páginas debe ser un record mundial de aplausos. Raúl Castro y su esposa, allí presentes, estaban estupefactos. Y no era para menos. El ratón resultó león. Y la visita papal un rotundo éxito.

Parroquia Santa Teresita en Santiago

Mi obispo me había dicho que iría para una zona rural, que comprendía la costa que va de Santiago a Manzanillo, y que incluía la Sierra Maestra. María Cristina se enteró que Benítez, el primer secretario que estaba en Palma cuando mi carta a Fidel, estaba en esa zona como jefe del partido. Preocupada, habló con Meurice y le dijo que ahí yo corría peligro. El obispo me nombró entonces para Santa Teresita, en la misma Santiago. Era marzo del 99. La iglesia era pequeña, de madera, pero rodeada de jardines. Poco a poco la restauramos: las paredes las convertimos en grandes ventanales, siempre abiertos. Podíamos reunir a 800 personas: 220 en la Iglesia y el resto en el salón parroquial, a la izquierda, y en el hermoso «patio umbrío», a la derecha, donde se hizo una estructura metálica de 16x6 metros, cubierta de enredaderas. Era la Iglesia más ecológica de Cuba y la más luminosa. Y el audio era excelente. El altar se veía desde todos los puntos y se escuchaba hasta en las casas del frente. Hicimos más de 40 bancos y conseguimos centenares de sillas. No me gusta que haya gente de pie en las celebraciones. Por trece años fui párroco allí.

La parroquia tenía 7 barrios. Algunos muy pobres. En los barrios fundamos comunidades y dimos inicio a un proyecto de almuerzo para 100 personas diariamente, de lunes a sábado, dos veces por semana cada grupo. Ayudábamos a unas 300 personas a la semana. La idea es que ese día ahorraran de la cuota para el fin de mes. El cocinero repartía las raciones en los barrios, y feligreses voluntarios las repartían a sus vecinos. Por nueve años brindamos el servicio. Hicimos una sala de rehabilitación gracias a la ayuda de la embajada polaca. Con la ayuda de Alemania pusimos la sala de computación y abrimos un aula de inglés y otra de «emprendedores», para que la gente supiera como echar a andar negocios por cuenta propia. Se hizo un grupo de ejercicios de chicum para la tercera edad, donde se enseñaba desde cómo respirar mejor, hasta nutrición, digitopuntura, medicina homeopática y verde. Y teníamos una pequeña farmacia de medicina verde. Este proyecto recibió reconocimientos internacionales e implicó a médicos, bioquímicos y farmacéuticos. Era además una parroquia muy misionera y fervorosa. Seguimos trabajando con talleres de oración y con el movimiento «focolar».

Diez años antes, al regresar a Cuba en 1988, y ver que la puesta en marcha del ENEC dejaba mucho que desear, nos reunimos Juan de Dios, Tony Rodríguez y yo para conversar qué podíamos hacer al respecto. Decidimos convocar a un grupo de sacerdotes de toda la Isla, muy implicados en la REC y el ENEC, para conversar sobre la situación del país y de la Iglesia. Ya había comenzado el «período especial» y ocurrido la caída del muro de Berlín. Yo acudí al obispo, que a su vez consultó con sus colegas. El obispo de Camagüey bautizó nuestro encuentro como «la reunión de los amiguitos de José Conrado». Aquella reunión fue profética en muchos sentidos, y sus conclusiones, enviadas a la Conferencia, ayudarían en la redacción de «El Amor todo lo espera». Varios de los «amiguitos» fueron escogidos como obispos. Al regresar de Salamanca se repitió la historia. Pero esta vez fue con las diócesis orientales. En los 90 las fructíferas reuniones anuales del clero no se realizaron por la grave situación del país. Se recomenzaron en 1999, aunque sólo a nivel de las cuatro diócesis orientales.

Cuba, su pueblo y su Iglesia, de cara al inicio del Tercer Milenio.

Mi abuelita, con sus 96 años, estaba ya muy frágil y enferma. Era la persona más amable y servicial que yo he conocido. Mi hermana y yo éramos sus enfermeros. Pero me tocó, a pesar de tener encima la parroquia y el cuidado de mi abuela, redactar el documento que sería discutido en la reunión. Así nació *«Cuba, su pueblo y su Iglesia, de cara al inicio del Tercer Milenio»*, que recoge las ideas fundamentales de mi trabajo de grado para la licenciatura de periodismo. Por mi situación política, en la reunión del Cobre el documento fue presentado por Pepín Alvarez. Y la autoría, se atribuyó a «Fuenteovejuna». El documento se filtró y fue publicado fuera de Cuba. Por cierto, no lo filtré yo, pero de eso me acusaron. Lo publicaron los obispos cubanos de la diáspora, por considerarlo muy bueno.

Cuando en la «Primavera Negra» 75 disidentes y objetores de conciencia fueron encarcelados, di todo el apoyo que pude a estos hermanos, aunque no me dejaron entrar en el juicio, permanecí afuera de la audiencia santiaguera. Cinco de mis antiguos feligreses de Palma estaban encausados.

Represión y turba. Asalto a la Iglesia.
La represión, más o menos encubierta, me seguía por todas partes. Tuvo un punto de inflexión el día de Santa Bárbara del 2009, cuando una tropa de 200, entre policías, paramilitares y segurosos asaltaron mi Iglesia, en la tarde del 4 de Diciembre. Yo acababa de llegar de El Cobre, de la «fraternidad sacerdotal Ch. de Faucauld» cuando oigo una gritería que venía de la Iglesia. Nenita la sacristana decía llorando –«Dios mío, a mí nunca me ha pasado esto». Voy a la entrada y me encuentro aquella multitud, que vociferando, quería impedir la entrada al complejo parroquial de unas personas desconocidas para mí. Un joven espástico era empujado por la turba.

Me enfrenté a la turba y mirando a un policía, dije: «que el organizador de esta pachanga terrorista dé la cara y sea hombre y me explique qué está pasando aquí». De la turba salió un hombre gordo, vestido de civil, y me dijo ¿quién es Ud? «Yo soy el cura y exijo que me digan qué está pasando aquí». Él me dijo que la Iglesia y el gobierno tenían buenas relaciones. «**¿Siii, y la prueba de lo bien que nos llevamos es esto?**», le riposté. Él me pidió entrar para explicarme. Ya en el pasillo que separa la iglesia del salón parroquial me pidió ir para mi oficina. «No tengo», le dije. Y lo llevé a la sala, momento que aproveché para llamar por teléfono al nuevo arzobispo Dionisio García. «Ya lo sé, me avisó un vecino y voy para allá. Llamé a Caridad Diego (la de asuntos religiosos en el Comité Central) y dice que no sabe nada». El teniente coronel no me dio ninguna explicación. Me entretuvieron para sacar por la fuerza del complejo parroquial a esas personas (que como luego supe, se habían citado para poner una Misa por unos familiares detenidos en La Habana. De lo que yo nada sabía). Cuando cumplieron su propósito, el coronel y sus secuaces dejándome con la palabra en la boca, se fueron. Desde el corredor de la casa le dije: «Que sepas que Caridad Diego ya sabe de esto», a lo que él me respondió «que sepas que el ministro del interior también lo sabe».

Cuando el obispo llegó ya no quedaban familiares, desalojados a la fuerza, y también se habían dispersado los «atacantes» y las personas que contemplaban, adustos, desde la acera del frente. Yo pensé que nadie vendría a Misa, pero hasta de los barrios más lejanos empezó a llegar gente para darnos su apoyo. En los días subsiguientes, el Partido Provincial pidió disculpas al Arzobispo y reconoció que yo no tenía implicación alguna ¿? en lo ocurrido. Al domingo siguiente, ante una Iglesia abarrotada, el arzobispo fue a comunicarle a la comunidad las disculpas oficiales (a mí no me las pidieron: los comunistas siempre hablan de poder a poder). Pero cuál no sería mi sorpresa cuando, con palabras crípticas, el arzobispo comenzó a atacarme a mí, que era la víctima. A los pocos días fui a ver a Rafaelito Couso y le pedí que me explicara, porque yo no entendía nada. –«Qué bobo tú eres. No te has dado cuenta de que él tiene miedo. Gordo, él no se va arriesgar por nosotros, estamos solos». Rafa había sido su Vicario General en Bayamo por 8 años.

Recordé las palabras que quince días antes de entregar la diócesis, Meurice, llamándome a su despacho, me había dicho;

«—José Conrado, dentro de poco yo no voy a estar aquí para defenderte. Con el que viene, sea quien sea, no va a ser igual… Tienes que aprender a defenderte tú mismo».

En 2011 estuve gravemente enfermo a consecuencias de una operación. Pero salí adelante y pude participar en junio en el Jubileo por el sesquicentenario del Cura de Ars. Fuimos los tres curas de San Luis: Roberto, Rafael Ángel y yo.

Premio Geremec

Después de Roma, estando en Milán, en casa de un amigo, me llegó una visita: venía de parte del Canciller de Polonia, para preguntarme si aceptaría el premio Geremec, que otorgarían en Cracovia. Pregunté si se sabía la opinión del Arzobispo, Cardenal Stanislas Dziwisz. «Él no sólo está de acuerdo, ha pedido ser su anfitrión». Cuando Roberto y Rafael Ángel regresaron de Venecia conversamos el asunto. Imposible comunicar con Dionisio. Al fin me decidí y mandé a decir al Canciller Sicorsky que aceptaba.

Los primeros días de julio llegué a Polonia. El cardenal Dziwisz me recibió con los brazos abiertos. Con él me enteré que, al saber de mi gravedad, él había llamado a Dionisio para que yo fuera a recuperarme a Cracovia. Le pedí disculpas por no haberle dado las gracias, pues Dionisio no me había dicho nada. Don Stanislaw puso a mi disposición su auto y su chofer, que me llevó a Wadowice, Auschwiz, y cuando llegaron mis amigos, en una guaguita fuimos a Czestochowa, a ver a la Virgen Negra. De Nueva York vino mi hijo espiritual Jose de Lasa y de España mi otro hijo Felipe Ronda. De Miami mis hermanos Carlitos y Olguita Saladrigas. La víspera de la entrega del premio, en Miami, moría mi hermana queridísima, María Cristina Herrera.

Una treintena de ministros y viceministros de Relaciones exteriores, incluídas Hillary Clinton y Madeleine Albright, que tuvo el discurso de entrega del premio, el presidente Lech Walesa y el primer ministro Mazowieky, entre otras personalidades, más los participantes en la asamblea de «la Comunidad de Democracias», llenaban el «Teatro Viejo» de Cracovia, una monumental edificio barroco del siglo XVIII. A mi lado estaba el Cardenal Dziwisz y en un palco de invitados Felipe, Jose, Carlos y Olguita. Este agasajado y apenado guajirito de San Luis ¡más apenado aún se puso cuando supo que el primero en recibir el premio Geremeck fue el admirado Nelson Mandela!

Al día siguiente el Cardenal me invitó a concelebrar con él en la «Iglesia de María», que hace las veces de catedral (la Catedral forma parte del monumental Castillo de Wawel, y en ella están enterrados los reyes de Polonia). Tuve que hacer, en español, por supuesto, una de las preces en la oración de los fieles y al final de la Misa, hablar a todos los presentes. Con un abrazo me despidió mi querido cardenal. Nos volveríamos a ver en Cracovia, dos años después, a los tres días de la canonización de Juan Pablo II y de Juan XXIII. Cuando le conté los problemas con el nuevo obispo, me invitó a quedarme en su diócesis, donde me acogería gustosamente. Cuando le dije en mi macarrónico italiano ¿Monseñor, y con quién voy a hablar aquí? Con mi edad ya no aprenderé el polaco», se echó a reir, y muerto de risa, me dijo: «e vero, e vero». Y luego ya serio, con su profunda voz, añadió: «Ma non dimenticare, questa e sua chiesa e io, vostro amico».

En una larga carta que le dirigí a mi viejo amigo Juan de Dios, obispo auxiliar de La Habana y secretario de la Conferencia Episcopal, expliqué por qué y cómo me fui vinculando al trabajo con los universitarios, los intelectuales, el cuerpo diplomático, los disidentes y el exilio. Le expliqué por qué me sentía llamado a ejercitar mi compromiso profético: porque lo sentía como un imperativo moral ineludible, como obediencia a la voz de Dios en mí y porque creo que decir la verdad y defender al pueblo y sus derechos, impide que el poder se desboque y aplaste más aún a la gente. Si no hablamos tendrán las manos más libres para aplastar. Pero lo cierto es que en los últimos tiempos la Iglesia se había replegado en su compromiso profético a favor del pueblo. Cuánto tuvo que ver la jubilación de los «obispos contadinos», según el decir del P. Bruno: Meurice, José Siro González Bacallao (Pinar), Héctor Luis Peña Gómez (Holguin) y Adolfo Rodríguez Herrera (Camagüey) está por estudiarse. A los nuevos obispos, más jóvenes y con menos experiencia, les resultaba más difícil enfrentarse al cardenal Ortega, que ha sido cada vez más, voz cantante y sonante en la conferencia. Pero sobre todo en Roma.

El pueblo cubano debe ser el protagonista

En un trabajo que Meurice me pidió para su reunión de despedida con los agentes pastorales de Santiago yo había planteado que Dios no nos pedía a todos el mismo nivel de compromiso profético. Pero los que eran llamados para esta misión debían ser apoyados por el resto de la Iglesia: fuera un obispo en la conferencia, un sacerdote, diácono, religiosa o laico en su diócesis. En cambio, ciertas declaraciones de Jaime llegaban hasta la negación del profetismo en Jesús y en la Iglesia. Esta «teoría» tenía consecuencias prácticas muy preocupantes. La Iglesia estaba llamada a mediar entre los gobiernos de Estados Unidos y Cuba, facilitando un arreglo entre los grandes, pero olvidando al verdadero protagonista, el pueblo cubano de aquí y de allá, mero objeto sin voz ni voto en lo que respecta a su futuro. Qué lejos quedan las inspiraciones de la REC y del ENEC, la letra y el espíritu, de aquellos documentos que marcaron con su sello al Pueblo de Dios y a sus pastores. Cierto secretismo, nervioso ante filtraciones indiscretas, se apoderó de nuestra Iglesia, marginando al «bajo clero» y al pueblo fiel, de la reflexión y de la acción dentro de la Iglesia. La otra consecuencia fue un aire de formalismo, de etiqueta, de favoritismo que comenzó a verse en algunas diócesis, extraño al espíritu de solidaridad y compañerismo entre obispos-sacerdotes- diáconos-religiosos-as y laicos que siempre reinó entre nosotros y nos caracterizó como Iglesia.

Todo esto es muy preocupante. La expulsión de un sacerdote, misionero «ad gentes», no por el gobierno, sino por el obispo y por diferencias legitimas en cómo enfocar la pastoral, la salida del país de un considerable número de sacerdotes cubanos jóvenes, problema complejo y espinoso, con más aristas de la que a veces queremos percibir, y el divorcio creciente entre los obispos y su clero, problema inexistente en Cuba años ha, nos alarma y preocupa. En el año 2013 Dionisio me pidió la parroquia. Cuando le pregunté por mi nuevo destino, me dijo. «Tengo un plan especial para tí: una casa en Vista Alegre, con aire acondicionado, refrigerador y televisor, y espacio para tu biblioteca. Te vas a dedicar a escribir». Le dije: «no me gusta tu idea. ¿Dónde celebraré la Misa?». Silencio por respuesta. Le ofrecí irme a Remanganagua y 4 pueblos más, hasta Laguna Blanca, que yo sabía no estaban siendo atendidos regularmente. Le dije que con un bohío era suficiente y que podía prescindir de todo lo demás. Pero dijo que no. No había trabajo para mí en mi diócesis, a la que serví con fidelidad por 37 años. Solo entonces decidí ir para otra diócesis: «no me pongas bola negra, porque ningún colega tuyo me aceptará. Y sabes bien que no quiero irme de Cuba». Así me fui a tocar a las puertas de Domingo Oropesa, el obispo de Cienfuegos. Él me acogió con los brazos abiertos ¡Que Dios lo bendiga! Y como él, el clero y los fieles.

En la parroquia San Francisco de Paula, en Trinidad

Hace tres años trabajo en mi nueva parroquia, San Francisco de Paula, en la ciudad de Trinidad, Diócesis de Cienfuegos. Atiendo más de 20 pueblos de campo y la mitad de la ciudad. Tengo 8 casitas de la iglesia que restaurar y ya hemos terminado la primera. El obispo además me confió la restauración de la Iglesia de Santa Ana, joya arquitectónica de la ciudad: es el primer edificio barroco, obra del insigne «alarife Troyano», y lleva 50 años sin techo. Ya he tenido que hacer bancos nuevos en Paula. Allí, el primero de julio, celebré mis cuarenta años de cura. En el Ofertorio, desde lo profundo de mi corazón, canté con el coro, mientras incensaba el altar:

> «Todo lo poco que soy yo te lo ofrezco/
> Todo el vacío que soy, yo te lo ofrezco/
> Todo el tiempo que perdí, inútilmente/
> Buscando glorias sin Ti, yo te lo ofrezco./
> Todo el Amor que manché con mi egoísmo/
> Todo lo que pude ser y que no he sido/
> Lo que pude salvar y se ha perdido/
> Lo pongo en tus manos inmensas pidiendo perdón./
> La sonrisa que negué al que sufría,/
> la mano que no tendí al que llamaba,/

la frase de amor que no dijo mi lengua,
los besos que yo dejé se me murieran/
Todo el amor que manché con mi egoísmo,/
todo lo que pude ser y que no he sido,/
Lo que pude salvar y se ha perdido/
Lo pongo en tus manos inmensas pidiendo perdón».

El rostro de Jesús

Soy como la pantalla de un cine: sobre mí se proyectan multitud de rostros... son los rostros de mis amigos, de mis feligreses, de mis familiares, y de cuanto ser humano he topado en mi vida. En esa pantalla gigantesca están mis santos inspiradores: Gandhi, Luther King, Oscar Arnulfo Romero, Juan XXIII, Juan Pablo II, el padre Varela, el padre Popieluzco, la Madre Teresa de Calcuta, Teresa de Avila y Teresa de Lisieux, mi querido padre Meurice, mi venerado Mons. Pérez Serantes, mi viejo párroco, Barbarin y María de la Caridad del Cobre. Por encima de todo y de todos: **Mi Señor Jesús**. «Tuve hambre y me diste de comer...» Él se identifica con cada uno de los pobres, de los que sufren, de los que simplemente son, un ser humano. Cada hombre es mi hermano, y sólo sirviendo a mis hermanos seré digno de mi amado Señor, que vino no a ser servido sino a servir, y dar su vida para salvarlos a todos. Me hice sacerdote para salvar a uno, mi primo Mario. «pro vobis et pro multis»: **por Ustedes y por todos. Una paz muy grande me invade y la secreta alegría de mi fe.**

P. Félix Varela

¿EL FUTURO DE LA IGLESIA? ¡LA IGLESIA DEL FUTURO![1]

El problema no es explorar un futuro que ya existe, el problema es por el contrario, el de inventarlo. Por consiguiente, el objetivo, a mi parecer, de estas asambleas sobre el futuro, debería ser el de examinar qué decisiones debe tomar el hombre para crear un futuro de rostro humano.

No hay ciencia del porvenir; no puede haber ciencia del pasado. El pasado se puede captar a través de los métodos científicos. A través de conceptos es cómo se agarra un objeto. Un sujeto, una persona se capta con el amor; un proyecto del porvenir no puede entenderse sino a través de la poesía, del mito, de la creación artística.

El arte, como las revoluciones, tiene más necesidad de trascendencia que de realismo porque me parece que la particularidad de la obra de arte es la de proponer un modelo no de una realidad que ya existe sino de una realidad que hay que construir.

La escatología cristiana es esencialmente una teología de la esperanza, y una esperanza abierta, que da al hombre la plena responsabilidad de su porvenir.

Roger Garaudy

---

[1] Escrito el 5 de mayo de 1975. Tesis de Periodismo.

DEDICO ESTE TRABAJO a mi obispo Pedro, el obispo de los laicos. Él como buen padre de familia, sabe esperar a que sus hijos crezcan. Porque él, más que mandar, alienta, escucha más que habla. Y, sobretodo, ama. Por lo tanto:

A mi obispo:
La Iglesia concreta, de hombres débiles que caen, luchan, se arrepienten, es mi Iglesia. La Iglesia de Pérez Serantes y Doña Carmen Alemán, la Iglesia de nuestros jóvenes y nuestros viejos. La Iglesia santa y pecadora, pobre, sufriente, que busca su propio rostro, que tantea en las tinieblas su propio porvenir.

A mi obispo:
Así como es él, no figura idealizada sino hombre concreto y limitado, como signo que a él también lo amo, que él es también Iglesia que camina y busca, Iglesia reformable y santa.

A mi obispo:
Que con sus sudores, lágrimas, sangre y esperanza me ha hecho ver, en su persona, esta nueva Iglesia. A él, que ha dado y sigue dando sus fuerzas por levantar esta nueva Iglesia del corazón.

A mi obispo:
Cristo entre nosotros, Pastor Pedro que nos ama.

A mi obispo, con todo el corazón, su hijo

José Conrado

PRIMERA PARTE

REFLEXIÓN PARA LA REFORMA DE LA IGLESIA

« Y sin embargo; incluso de esto, del mal, vendrá el bien. De algún modo que nunca podremos entender, ni siquiera ver... Quizá el mal sea el crisol de la bondad... Y tal vez, aun Satán, a pesar de sí mismo, de alguna manera sirva para realizar la voluntad de Dios.

El Exorcista

«... ahí radica Damién, la posesión; no tanto en las guerras como algunos quieren creer; y muy pocas veces en intervenciones extraordinarias como esta. No, yo lo veo mucho más a menudo en cosas pequeñas, Damién; en los mezquinos o absurdos rencores, las equivocaciones, la palabra cruel e insidiosa que las lenguas desatadas lanzan entre amigos».

El Exorcista

En este trabajo he querido reflexionar sobre la Iglesia, que en Cuba, sufre, ama y espera. Se verá que hago especialmente hincapié en los laicos, la parte más olvidada y silenciosa de nuestra Iglesia: el proletariado del Pueblo de Dios.

Congar hablando de los laicos dirá: «No es tener una condición subordinada lo que hace al proletariado; es, según Toynbee, el hecho de formar parte de una sociedad con el sentimiento de no ser orgánicamente un miembro activo y un sujeto de derecho».

Porque yo confío en los laicos. Pienso que una vez más los laicos, representados hace 20 siglos por aquellas mujeres que fueron valientemente a ungir a su Cristo asesinado, serán ellos, los laicos, los que hoy digan a los padres de nuestra Iglesia: «¡El Señor vive! Se nos ha aparecido. Irá delante de ustedes y lo verán cuando regresen a Galilea, la tierra del primer encuentro, del primer amor. Lo verán cuando vuelvan a la primera Iglesia, la Iglesia pobre, sencilla, cercana, la Iglesia del primer amor».

Yo quisiera ser ahora con estas reflexiones, en mi condición de laico (aún lo soy), quien cumpla, en parte, este papel. Porque en Cuba comienza otra vez la historia de doce hombres y un pueblo que han visto a su Señor resucitado.

Seminario San Carlos, Mayo 5, 1975.

Nota previa:

Este trabajo es la reelaboración de una conferencia dada en Cursillo Teológico del Cobre (Agosto 7, 1974). Aunque permanezco fiel a las líneas generales de aquella conferencia, la he redondeado con nuevas reflexiones, y con las experiencias que un año de praxis nos aporta, en referencia a lo que entonces era solo proyecto. Se le han refundido otras dos conferencias: «Charis y Carisma en la Iglesia» y «¿Qué es y para qué es la Iglesia?».

I.- Secularización-secularismo de una sociedad que camina hacia el comunismo

A) Los hechos. No puede uno pensar en la iglesia del futuro sin plantearnos el hoy de nuestra Iglesia. ¿Cuál es la situación de la Iglesia Cubana hoy? Trataremos de exponer algunos hechos de la vida nacional a los que englobaremos en dos grandes fenómenos: la desaparición de las tradiciones y la urbanización.

a) Desaparición de tradiciones. En Cuba se está haciendo un esfuerzo porque desaparezcan las tradiciones, que «coloreaban» la vida nacional de cierto tinte de religiosidad, tradiciones consideradas hoy caducas: ejemplo de esto es la Navidad.

Se trata de romper con el pasado, del cual forma parte la Iglesia. En la Sala Hubert de Blanck, se representó hace unos meses la obra de teatro «Si llueve te mojas»; en esta obra la Iglesia aparece ligada con la gente que se fue, con el pasado que acabó al abandonar el suelo patrio los «gusanos proimperialistas». Nada en el aquí y ahora, en el presente espacio-temporal recuerda a la Iglesia. Esto se predica de manera sistemática por radio, cine y televisión, donde la Iglesia es presentada como retrógrada, enemiga de las revoluciones y caduca.

Este romper con el pasado se enmarca en el proceso general de la sociedad occidental, conocido como secularización, que se observa en casi todos los países (los Estados Unidos por ejemplo). Este proceso caracteriza al mundo moderno. En Cuba además se ha visto acelerado por la presencia de una ideología ateísta, antirreligiosa en el poder.

b) La urbanización. Describe el contexto en el que está ocurriendo la secularización.

Se define en parte por los medios de locomoción, por la fácil movilidad social, la concentración económica y las comunicaciones masivas.

Pero nosotros examinaremos el aspecto más visible en nuestro contexto nacional: la urbanización.

La urbanización (o el proyecto humano de ciudad o convivencia) preveía antes la presencia de lo sagrado (Iglesia) incluso en un lugar de importancia. No hay que caminar mucho para ver en cualquiera de nuestros pueblos y ciudades, el templo. Generalmente situado frente al parque principal: Santiago de Cuba, Tunas, Cienfuegos, etc.

Podemos preguntarnos: ¿Hoy el Distrito José Martí en Santiago de Cuba y Alamar en La Habana, prevén área para lo sagrado?

Hay pueblos enteros que crecen o mejor dicho, son hechos crecer para el lado contrario a donde se hizo la Iglesia hace 15 o 20 años, previendo lógicamente que el pueblo seguiría hacia ese lado.

En otros la iglesia es recubierta de follaje... que la hace invisible.

Hay un proyecto con respecto a la iglesia de Montserrat en La Habana, en que ésta será rodeada de edificios de 20 o más pisos... llenos de atracciones: tiendas, cines, restaurantes; el transeúnte se verá atraído por todas estas cosas, pero de ninguna manera por la materialmente pequeña e insignificante iglesia, símbolo de un «gris y lejano» pasado.

Cuando se realice el plan de La Habana Vieja (convertir Centro-Habana en un museo-jardín) la ciudad quedará prácticamente sin iglesia, porque un por ciento elevadísimo de las Iglesias de La Habana están precisamente en La Habana Vieja. Alamar, Panorama y tantos otros barrios del futuro no poseen iglesias...

Además, en los nuevos pueblos de campesinos y en los nuevos barrios que se construyen, no se les permite a las familias, tener a la vista objetos religiosos de ningún tipo, so pena de ser requeridos y mal mirados.

La gran Autopista Nacional, los planes ferroviarios, la presencia cada vez mayor de los nuevos esquemas urbanísticos, la falta de cumplir en los nuevos pueblos y en los nuevos barrios, el aislamiento con que se pretende esconder «eso» que llaman iglesia y la pretendida reforma de los barrios viejos, nos deben hacer pensar sobre el futuro de la Iglesia.

¿Qué respuesta tendremos los cristianos ante el reto del «medio ambiente», del secularismo ambiental que nos rodea?

B) La interpretación de los hechos

En nuestro trabajo ya se va haciendo una distinción. Hemos hablado de secularización y de secularismo, para definir globalmente él fenómeno al que se enfrenta hoy la Iglesia en Cuba. Pero... ¿Qué es la secularización? ¿Qué es el secularismo?

«Secularización»
Proceso de cambio, de una situación sacral a otra secular. Se suele referir, en especial, a la etapa histórica comenzada en el Renacimiento y que dura hasta nuestros días.

Se caracteriza por el paso de una sociedad centrada en lo sagrado, estática y cerrada, de una cultura «campanilista» y rural, a una sociedad centrada en las realidades seculares, dinámica, abierta y eminentemente urbana. Este proceso, lejos de ser necesariamente malo, significa que el mundo va llegando a una maduración, comprendiéndose autónomo de concepciones restringidas que quieran imponérsele a título de una pretendida autoridad recibida de «lo alto» que, en ese campo, no les compete.

«Secularismo»
...Como casi todos los «ismos», denota una radicalización. Así como la secularización es en cierta forma «poner en sus casillas» (dar al César lo que es del César), el secularismo pretende «quitarle a Dios lo suyo», sacar las cosas de sus casillas. Afirmar al mundo y su autonomía, no significa, ni lejanamente, negar a Dios. Es lo que sucede en el secularismo: se niega la dimensión divina y sagrada a que apuntan las más profundas realidades humanas. Se niega al trascendente la posibilidad de acercarse hasta nosotros. Esto es un a priori injustificado.

La secularización como tal, no es un fenómeno negativo a la fe. Al contrario, con el teólogo norteamericano H. Cox, podemos ver en la Biblia el primer documento histórico de la secularización.

1.- La creación y el desencantamiento de la naturaleza

En los pueblos primitivos los dioses y los hombres son parte de la naturaleza. El río Nilo, en Egipto, era considerado como un dios, así como los cocodrilos, signos vivientes del gran río. Para el israelita, Dios es el Otro, el Trascendente, el incontrolable por las magias cultuales.

El hombre es señor de la naturaleza según la Biblia. Nada es sagrado para el israelita, fuera de Dios. Sus ascendientes no son totems, animales divinizados, sino padres e hijos, genealogías de hombres.

2.- El éxodo, desacralización de la política

En Israel no se gobierna por derecho divino: no como los romanos cuyo emperador (jefe) era al mismo tiempo, pontífice máximo (brujo).

Yahvén ha hablado al pueblo de Israel en la historia, en un momento de cambio, de desobediencia civil. Y la percepción de la realidad se organizó para Israel a través de esto: el endiosado faraón es una criatura de Dios. La política no es algo sagrado, divino, inamovible. David tuvo su Natán, que se le encaró cuando no fue obediente al único firme: «Yahvén fuerte roca».

Por lo tanto el Estado tiene un carácter provisional. Está al servicio
y bajo la voluntad de los seres humanos, y no al revés.

3.- El Pacto del Sinaí como desconsagración de los valores

«Mi propio punto de vista es relativo». Por lo tanto, nadie debe imponer a los demás sus propios valores.

Esto se revela en la Biblia como oposición a la idolatría... Porque los dioses significaban también «sistemas de valores». Oponerse a los ídolos significaba que nada salido de las manos del hombre puede ser adorado. Es decir, son relativas las creaciones culturales, raciales y nacionales. Esto no significa negar la realidad y sus valores, sino tomar distancia de estos, reconocerles solo valor relativo.

Por lo tanto, debo estar ante mis propios valores y los de mi medio, en constante revisión, en constante conversión.

Conclusión:
Si esto es así la Iglesia no debe amedrentarse ante proceso de secularización presente en nuestro país. El proceso de secularización es un llamamiento a revisar nuestras antiguas seguridades, a poner nuestra confianza, no en nuestros ídolos, nuestros planes y proyectos, nuestros caminos, sino solo en Dios y en sus caminos.

Ante el secularismo, que viene a ser una divinización una absolutización, la Iglesia debe mantener una actitud profética, de crítica, a favor de la libertad humana y del derecho a ser plenamente hombres: libres: «a pensar y a hablar sin hipocresía» como decía Martí.

Por eso, una vez más, debemos revisar qué somos, para qué existimos y qué misión hemos recibido de Dios. A la luz de nuestro ser y nuestra misión de Iglesia, a la luz de nuestra historia concreta de salvación, trataremos de buscar el rostro concreto de nuestra Iglesia en el futuro, y descubriendo la Iglesia del futuro, reconocer el futuro de la Iglesia.

II.- ¿Qué es la Iglesia? ¿Para qué la Iglesia?
Hace veinte siglos, un joven carpintero se puso a hablar de Dios. Dijo que Dios era Padre de todos, que los hombres, por tanto, eran hermanos; que la vida podía ser bella y feliz no cuando éramos poderosos y explotábamos a los demás, sino cuando servíamos a los demás, cuando perdonábamos y amábamos a todos, incluso a los enemigos.

Ese joven carpintero sin influencias políticas, económicas o sociales, despreciado por sus contemporáneos, tenido por loco y blasfemo, es para nosotros la revelación de Dios. Después de su muerte sus apóstoles, contra todo lo esperado, le fueron fieles: recibieron de él la prueba de su veracidad. Jesús fue resucitado por el Padre.

Su vida fue la encarnación de su mensaje, y la plenitud que ofreció a sus seguidores fue cumplida primero en su persona: porque Él venció a la muerte, y nos hace participar en una vida nueva, Él nos dio la vida.

Para que lo ayudaran a predicar y a trasmitir el amor y la verdad, Jesús se escogió un grupo de hombres del pueblo: pescadores, oficinistas, hasta bandidos. Al escoger a sus apóstoles; Cristo fundó la Iglesia. Por eso la Iglesia no se entiende sin Cristo. Como ha dicho Tillich, la Iglesia es «la comunidad del Nuevo Ser, aunque a veces lo traicione... un grupo de hombres que expresan una nueva realidad por la que han sido poseídos: la experiencia de Dios en Cristo».

¿Qué es la Iglesia?
La Iglesia es un misterio, y solo la comprende quien la contempla desde la fe. Por eso debemos acercarnos al misterio de la Iglesia con los ojos iluminados, por la fe: los ojos del corazón.

La Iglesia es una comunidad
Una comunidad nos une como cristianos. Pero esto no es extraño porque todo hombre necesita una comunidad (familia, pueblo, nación), para vivir, desarrollarse, incluso nacer. La Iglesia es una comunidad de amor, de vida y relación. ¿Relación con quién?

Con Dios
> Relación de filiación respecto al Padre, vida nuestra.
> Relación de hermandad y amistad respecto al Hijo, verdad para nosotros.
> Relación de acogida obediente y amorosa respecto del Espíritu, Don perfecto del amor del Padre y el Hijo.

Con los hermanos
> Los «otros miembros del Cristo Vivo», los cristianos del mundo y de mi pequeña comunidad. Relación que llega incluso hasta los que han muerto ya. (Comunión de los Santos). La iglesia, así

como no se entiende sin Cristo, tampoco se entiende sin el Espíritu, que nos recuerda las palabras de Cristo, y nos hace gritar «Abba» Padre. El Espíritu es como el alma de la Iglesia, la forma interna del Amor. Porque en la Iglesia el amor es persona. Al referirla al Espíritu, queremos decir que la Iglesia es obra de la fe. Fe, esperanza y caridad estructuran la Iglesia.

La Iglesia es una institución
Toda institución (los masones, por ejemplo) tiene sus signos distintivos. El signo externo de la iglesia es la Cruz. El signo interno es el Amor, y amor tal que está dispuesto al sacrificio de sí «hasta la cruz», como Cristo nos empeñó con la palabra y con la vida.

Pero la Iglesia, ella en sí, es un signo, es más un Sacramento, que quiere decir signo e instrumento, presencia que actúa, que realiza, lo que significa...

¡La Iglesia es el rostro de Dios, el sacramento de la acción en el mundo!

Como toda institución tiene estructuras, medios de acción, canales para realizar su función, sus fines. La estructura fundamental de la Iglesia es muy sencilla:

— Los Sacramentos: en especial el Sacramento del Orden, que está al servicio de los demás sacramentos.
— La Palabra de Dios: con sus dos vías de comunicación: la Tradición y la Escritura.
— Su misma vida: es decir, su acción salvífica que se realiza a través de las comunidades concretas y la gran comunidad de toda la Iglesia, jerárquicamente estructurada por el ministerio apostólico: Papa, obispos, presbíteros y diáconos.

¿Qué es pues la Iglesia?
— La vanguardia de Dios en el mundo.
— La «parte conscientemente cristificada del mundo». (T. de Chardin)

— Morada do Dios entre los hombres; comunidad salvada y salvado—ra.
— La presencia y permanencia histórica en el mundo del Verbo Encarnado.

¿Para qué la Iglesia?
Quizá nunca nos hemos parado a pensar, que necesitamos a los demás. Solos, no podemos alimentarnos, vestirnos, educarnos. Solos no podemos aprender a amar.

Nesitamos de la familia, de la comunidad humana, para ser plenamente humanos.

La Iglesia es el medio, el instrumento, de que Cristo dispone para ayudarnos a ser Hombre Nuevos.

Por eso la iglesia tiene funciones. La Iglesia está:

— *Para llamarnos*: (por el testimonio de su voz) a ser hombres nuevos, a escuchar la buena noticia de la Salvación que Dios nos manda en Cristo.
— *Para liberarnos:* (por el testimonio de su ejemplo) del egoísmo, de la esclavitud del mundo de las cosas (dinero-confort-poder), para introducirnos en el mundo de las personas (el amor, la amistad). Animando así la sociedad con un nuevo espíritu; criticando y condenando en el hombre y en sus realizaciones todo lo inhumano e injusto.
— *Para servir:* (por el ejemplo de su vida) y esto, porque Cristo fue nuestro servidor, y nosotros debemos aprender a servir como él. La vocación de la Iglesia es servir a todos sin distinciones.
— *Para unirnos*: (por el ejemplo de su Amor) y realizar así esa libertad que Cristo nos regala: «La verdad les hará libres», pero, «La única verdad es Amarse»... Luego el Amor nos hará libres. La Iglesia nos reconcilia:
— Con Dios: haciéndonos amigos e hijos de Dios por el amor
— Con los hermanos: la Iglesia hace de los hombres enemigos, amigos unos de otros.

Planteo una pregunta: ¿Tiene, o no, razón de ser la Iglesia?

Hemos visto el ser de la Iglesia y su misión. Ahora nos conviene ver ese ser y esa misión en Cuba, en nuestra realidad.

¿Y la Iglesia en Cuba, qué?

Vamos a rebuscar en nuestra historia, las líneas de fuerza para realizar entre nosotros esa Iglesia que Dios quiere. Veamos la creatividad de cinco hombres de Iglesia de nuestro pasado, el proyecto para una pastoral de la Cuba de Hoy.

II.— Cinco nombres y un proyecto

Bartolomé de las Casas (1474-1566)

En las Casas podemos ver una Iglesia que se compromete con los pobres, con los que sufren, con los perseguidos. Fray Bartolomé fue el hombre que renunció a sus encomiendas, Que expuso su seguridad, que «vendió» su futuro y se embarró manos. Fue el hombre que amó a costa de lo que fuera. Hizo todo lo que pudo por liberar a los indios, por conseguir para ellos leyes justas, que les garantizaran la libertad y el pan.

Las Casas es para nosotros el signo de un amor comprometido y consecuente, que se hace pobre con los pobres, que lucha por ellos y les sirve. Un amor que renuncia a los privilegios que afectan a los otros, que busca por caminos concretos para su efectuación. «La Iglesia de los Pobres» nació en América con Fray Bartolomé, el Dominico. Nuestra Iglesia debe arrepentirse por las veces «que vendió su herencia», a cambio de cierto «status», a cambio de comodidades, o de «tranquilidad». La Iglesia del futuro en Cuba ha de ser heredera de esta tradición, que remonta a Cristo: «el cual siendo de condición divina no se aferró celoso a su igualdad con Dios; sino que se aniquiló a sí mismo tomando la condición de esclavo, pasando por uno de tantos».

Antonio María Claret (1807-1870)

Para mí, Claret es el signo del amor inventivo e incansable. El pequeño arzobispo de Santiago, no tenía a menos recorrer la diócesis en mulo las veces que fuesen necesarias, dejar de comer o dormir en descampado. Hacía lo mismo un catecismo ilustrado (él mismo. Hacía los grabados) que un devocionario «para salvar el alma». Escribía sobre la infalibilidad pontificia, hablaba desde el balcón de una casa, o hacía milagros, o fundaba dos congregaciones misioneras. Todo era ocasión de predicar a Cristo y de salvar a los hombres. Todo era abrir puertas para que entrara la gracia, preparar el camino.

Nuestra Iglesia debe aprender de su santo pastor el celo incansable e inventivo. El amor inventa. El amor penetra lo impenetrable y realiza lo imposible. Nuestra Iglesia ha de ser «carismática», llena de ese amor que puede dejar de concretarse en gestos, en hechos, en palabras: los carismas son la manifestación e individuación de ese Cristo, que es Amor de Dios, expresión del poder de la gracia de Dios.

Félix Varela Morales (1783-1853)

Félix Varela es el hombre del aquí y ahora, en el mejor sentido de la palabra. El hombre que sabe encarnarse en una completa realidad, y busca a partir de ella la verdad. Que esa verdad sea a través de la ciencia, la química y la física. Eso nos revela su actitud de hombre inserto en el hoy. Pero cuando hizo falta y vio que era necesario, la sumergió(¿) en el nivel de la praxis, hasta convertirse en político (en el sentido más puro, elevado y transformador de esa palabra).

El Varela de la teoría no es otro Varela que el de la praxis, el de los caminos concretos. Para los seminaristas, para los jóvenes en general, es un ejemplo de cómo el Amor se hace concreto, de como el Amor no tiene miedo, ni siquiera a las cosas más difíciles y delicadas como es la política. El amor político de Varela nos refleja una dimensión perdida de nuestra iglesia, dimensión que debemos rescatar: la dimensión de la política, de lo nacional, de lo concreto, del hoy (aquí y ahora). Varela nos dice cómo el servicio de la Iglesia a la patria puede hacerse en campos tan inocuos como el de la química y la física o en campos tan complicados y comprometedores como el de la política. En su corazón la Iglesia servía a la patria, la patria amaba a la iglesia; en su corazón cabían los dos amores porque la Iglesia no nos aliena, no nos hace ajenos o distantes, sino que nos encarna, nos hace ser más y mejor, lo que ya somos. La Iglesia no quita la naturaleza, la perfecciona.

Felipe Rey de Castro. (1889-1952)

El, P. Rey fue uno de los más celosos y santos sacerdotes de la Cuba republicana. De él nos queda un testimonio precioso en un libro publicado en la Revolución, *Manuela la Mejicana* o «La historia del Barrio de las Yaguas», como se le podría llamar. Quizá sea el único sacerdote de esa época sobre el que se haya publicado algo desde 1961 para acá, y por demás, muy elogiosamente.

El P. Rey fue el fundador de la ACU que es una de las organizaciones católicas más interesantes de las surgidas en lo que va de los años 30 al 60. De sus filas pensaba salir el Partido Demócrata Cristiano. Su organización y funcionamiento fue puesto como modelo («Agrupación Modelo») a nivel mundial, de entre todas las congregaciones marianas. Pero el gran fracaso de la A.C.U. fue, que no llegó a ser plenamente laica, que nació de un gallego en verdad extraordinario, pero gallego, y no llegó a ser plenamente cubana, es decir, enraizada en el aquí y ahora; que quedó presa en las mallas de la elite, de los «puros», cuando eran precisamente esas elites las que mantenían a nuestros campesinos sin zapatos, a los obreros cesantes, a la república en agonía.

No juzgo. Veo lo objetivo y no de las conciencias, que pueden y de hecho están erradas (y por lo tanto no son subjetivamente culpables). Por desgracia el «elitismo» fue uno de de los mayores pecados de nuestra Iglesia. Una Iglesia que viene «a salvar lo que ya está salvado», es una Iglesia que va por otro camino del de su Señor.

Pero volvamos al P. Rey. Fue un hombre de Dios. ¡Esto no es poco! Fue un hombre que se dedicó a formar personalidades, y es su gran mensaje a nuestra Iglesia. Hay que trabajar con las personas, hay que formar la conciencia y la libertad. Hay que recordar que el centro de esa formación dada por Rey era la Amistad con Cristo; y que su método por excelencia, junto con los ejercicios espirituales, era la dirección espiritual, en la que era verdaderamente extraordinario.

El lema que el padre Rey escogió para su obra es todo su programa: «Esto vir» (sé hombre). Y esto fue los que lo caracterizó: fue excelencia un formador de hombres. Fue muy exigente con los jóvenes, en una doble materia: castidad y cumplimiento de los deberes de estado, el estudio en específico.

Los defectos que hemos señalado a la A.C.U. solo de manera limitada pueden caer sobre Rey de Castro, que a pesar de ser hombre de derechas, mantuvo siempre una apertura muy grande a los pobres, él trató de hacer que los agrupados se vincularan a los humildes (dispensarios y escuelas en barrios pobres atendidos por los agrupados, etc.). En su tiempo la Agrupación dio mucha importancia a los laicos.

Enrique Pérez Serantes (1883-1968)

Pérez Serantes tiene para nuestra Iglesia un mensaje de particular importancia: la necesidad de que nuestro cristianismo sea un cristianismo popular, la necesidad de ser hombre de pueblo, hombres sencillos, hombres alegres.

Para los que lo conocimos, Pérez Serantes tuvo, a pesar de sus años, la frescura de un niño; llano, sencillo, asequible, cercano. Era la naturalidad en persona. La virtud no lo hacía seco, la autoridad no le quitaba espontaneidad. Fue, en pocas palabras, un hombre de corazón. Frente al peligro de las «elites» o del sectarismo debemos recordar la imagen de aquel obispo santo que encontraba más gozo en dar misiones a los campesinos y a los pobres que en celebrar de pontifical en su Catedral. El «obispo misionero» nos recuerda que no debemos perder esa dimensión esencial de nuestra vocación cristiana: ser-para-los-demás; estar en función de los otros. El «obispo popular», nos recuerda que el mejor modo de llevar a Cristo es la sencillez de nuestra vida y de nuestra palabra, la comunión con el pueblo. El «obispo del corazón», nos recuerda que el motivo de nuestras acciones, incluso las que tengan alcance político, ha de ser el Amor, valiente y decidido, que se sabe comprometer con el otro sin esperar nada de él.

IV.- El proyecto

A) La comunidad. Pero hay una realidad que debe nuclear todos estos esfuerzos y líneas de fuerza de nuestra pastoral. Algo que es esencial y constitutivo de la Iglesia, pero que hemos olvidado muchas veces: la comunidad, como expresión de la Iglesia y signo de ella.

Cuando hablo de comunidad puede entenderse «comunidad parroquial», solo, por ser esta casi la única forma de expresión de la comunitariedad de la Iglesia en Cuba. Pero aquí me refiero también a esas pequeñas comunidades o eclesiolas, las comunidades de base. A mi modo de ver la estructura que hay, mejor que ninguna otra, nos puede servir para la creación de la Nueva Iglesia.

¿Pero qué es una comunidad? ¿Cómo se crea?

«Se crea comunidad cuando se comparten valoraciones, cuando hay mutua confianza y mutuo conocimiento, cuando las cargas se reparten y se da amplio margen de libertad al plano personal».

El cristiano es esencialmente un creador de comunidades; porque Dios manifiesta su presencia redentora allí donde los hombres se hacen amigos unos de otros, allí donde el hombre se descubre persona, susceptible de ser amado por los demás y con el deber de amar a los demás, necesario a los otros y necesitado de los otros. La comunidad es el medio fundamental para la creación de personalidades

Pero este «descubrirse comunidad» y realizar la comunidad no debe ser solo al nivel de la base, debe incluir el nivel parroquial y el nivel diocesano, y el nivel nacional y supranacional, para sentirnos verdaderamente católicos, unidos y unidores, y no unidad de fuerza bruta, de ejercicios y armas; una unidad de Amor.

No podemos imaginarnos la fuerza de una Iglesia consciente de su unidad en el Amor. Y esta es un arma completamente evangélica: porque no queremos esa fuerza para imponernos, vencer o conquistar. Necesitamos esa fuerza para «amar hasta el final», para poder perdonar a los enemigos; para poder amar y rezar por los que nos persiguen; para podernos mantener alegres y confiados aunque seamos pocos en tal o cual pueblecito: porque los otros hermanos, los del otro pueblo, los de las otras provincias, mis hermanos que no veo pero siento, están ahí y se animan a seguir en pie, y esperan de mí ese testimonio y lo necesitan.

Esta es la fuerza que estamos por descubrir como Iglesia nacional: la atómica fuerza del Amor.

A esto le podemos llamar «conciencia eclesial», y significa que la conciencia personal se ha integrado a Cristo por la fe. Esto es la Comunión de los Santos, puesta en práctica.

Esta experiencia de «dilatación del corazón» por el amor y la comunicación en la Comunión de los Santos (que es también unión en Cristo con la iglesia celeste y los hermanos que en el purgatorio se preparan para entrar en la plenitud de la Nueva Jerusalén), esta experiencia, repito, es algo que supera los conceptos filosóficos y humanos en uso, y la experiencia sicológica habitual o «normal». Por este sentir el amor y vivirlo, se da hombre nuevo y nueva realidad. Este sentir el amor es sentir a Cristo, es experiencia, de Cristo en la fe, que se vuelve única e inenarrable... «los que puedan entender que entiendan».

¿Esta estructura de lo gratuito en la fe es susceptible de ser trasmitida o expresada en un lenguaje inteligible, filosófico o existencialsicológico? Desde la misma base el intento resulta fallido, de filosófica, nuestra reflexión se convertiría en teológica, puesto que solo desde la fe, en cuanto experiencia y en cuanto acogida, es el hombre capaz de entender el Mundo Nuevo: «creer para entender». Es decir, ¿concluimos con esto que nuestro testimonio de amor, o mejor la explicitación kerigmática, evangelizadora se nuestra experiencia eclesial de fe es intrasmisible? ¿El empeño de hacer partícipes a los increyentes o alejados es vano o imposible? Una vez más Pablo es norma: «Les vengo a hablar del Dios desconocido, al que ustedes adoran sin conocer». Hay que decirles a los alejados, ateos e indiferentes, que esa sed de felicidad que ellos sienten puede ser saciada: en una iglesia que es Amor.

Por eso debemos quitar las divisiones, los provincialismos trasnochados, los regionalismos estériles. Es verdad que trabajamos realísticamente, sobre las bases de la parroquia, la vicaría y la diócesis, pero eso no significa división o lucha. La alegría de una diócesis es ver que la otra progresa. Eso redobla las fuerzas, eso anima, eso nos da el buen espíritu de la imitación evangélica de todo lo bueno («examínenlo todo, quédense con lo bueno»).

Cuando esto suceda la sinceridad caerá de su propio peso. Cuando no queremos vencer al otro somos lo que somos, cuando amamos somos sencillos: «el amor no quiere aparentar, no se hace el importante» (1 Cor 13,4). Entonces podremos conocer los logros y fracasos del otro, las experiencias de los demás hermanos, con sus pros y sus contras. Y entonces los fracasos nos enseñaran y los éxitos nos alegrarán: para los que aman a Dios todo coopera en su bien.

Hay otra dimensión de esta catolicidad del amor de la Iglesia. Nosotros pudiéramos decir como tesis «Si la Iglesia es Cristo, solo Cristo es plenamente la Iglesia». Es decir, solo el bien pertenece en esencia a la Iglesia. Por eso los santos son más plenamente Iglesia, porque ellos han acogido y realizado más plenamente la Santidad y el Amor, como María.

En la medida que una persona es disponible a la gracia y ofrece a Dios la posibilidad de realizar en ella una como segunda encarnación, en esa misma medida es y refleja la Iglesia Santa, «sin mancha, sin arruga, ni nada semejante».

Sin embargo, el pecador, el más empecatado de los seguidores de Cristo, él también es Iglesia. Es esto el signo del amor eclesial, que no debemos olvidar como Iglesia Cubana: el miembro fuerte sustenta al débil no lo desprecia, no lo rechaza, lo asume, como Cristo asumió el pecado, sin hacerse pecador. Una Iglesia puritana, de «high life» espiritual es tan poco Iglesia como una Iglesia corrompida (Von Balthasar hablará de los pecadores como de miembros verdaderos de la Iglesia, aunque inauténticos). Hay que evitar el peligro de las elites, de grupitos selectos «incorruptos».

La Iglesia nuestra debe estar consciente que de nada sirve tener la sal en la jícara y los frijoles en la cazuela, separados. Ni sirve la sal ni saben bien los frijoles. Para que quede bien la comida deben juntarse la sal y los frijoles.

B) Una Iglesia en revolución: Cuba 1975

Llegado a este punto, me parece conveniente analizar la presencia de la Iglesia en la Cuba revolucionaria y socialista. Nadie niega que la Iglesia debe estar aquí y ahora en el hoy de nuestra historia nacional. Esto es un deber de aceptación del misterio de Cristo encarnado.

Lo discutible es el cómo de la encarnación, los caminos concretos, las sendas no trilladas por las que debemos avanzar para realizar vitalmente el misterio de Cristo y su Iglesia en la encarnación, o en ese amor que se hace presente, visible, palpable.

Veamos algunas reflexiones, que nos orienten en nuestra búsqueda A nivel de nuestra mentalidad como Iglesia, debemos liberarnos de tres tentaciones:

– «Confundir la organización («el Pueblo de Dios») con el aparato dirigente», la autoridad apostólica. (Pero esto lo veremos con calma, más adelante.

– «Comportarnos como una comunidad de intereses que se oriente sobre sí misma»: Porque el Señor no buscó su propio interés, ni su propia conservación. Esta vocación de ser-para los- demás, Cristo nos la ha trasmitido a nosotros. Es el peligro de convertirnos en secta, cerrándonos y conformándonos con los que ya están, y despotricando contra el «mundo per-

vertido» (un cierto complejo de superioridad moralista y puritana).
– «Que la comunidad de Cristo persiga solo objetivos concretos y realizables». Hay «algo más» en la Iglesia de Cristo que no es realizable por «nadie más». Ni todos los logros humanos podrían brindar ese «algo más». El otro peligro de convertirnos en gente sin especificidad ni sentido, sin nada que aportar. Esto es, «perder la sal» por «coger el tren y no perder actualidad». Si valemos es por el Evangelio. Si lo perdemos, ¿qué nos vamos a hacer? Y se pierde el Evangelio no porque botemos los libros o nos hagamos atrás, sino por no asumir todas las exigencias de Cristo, de su Amor y de su Cruz, que llega hasta el final: Dar la vida para dar vida. (Este sería el complejo de inferioridad, avergonzarnos de Cristo y su Evangelio, y su «absurdo mensaje»). Este sería también el peligro de caer en un mimetismo vergonzoso, un adaptarse a todo para «sobrevivir».

En realidad nuestra Iglesia debe asumirse en toda la originalidad de su ser y su misión, y debe plantearse una nueva actividad de servicio, de creatividad, de presencia como fermento, sal y luz, que destierre la actual actitud de «sobrevivencia».

Este cambio de la Iglesia debe estar referido a la realidad concreta histórica, social y política de la nación: ¿Cuál es esta realidad?

C) Cuba 1973. A 16 años del triunfo

A 16 años del triunfo, la marea baja, la tempestad se calma y las aguas toman su cauce. La revolución se acomoda, se adentra firmemente en los logros alcanzados.

Puede sernos ilustrador leer las reflexiones que hace suyas un revolucionario, a la altura de la revolución estabilizada. La cita está tomada del *Siglo de las Luces* de Alejo Carpentier. Nos trasmite la desilusión del alma revolucionaria que ha luchado por la Justicia y la Verdad, y al fin ha descubierto que la justicia y la verdad pueden seguir siendo pisoteadas, incluso por los mismos que las defendieron. Pero dejemos que hable el texto:

«Esta vida que al principio me había encantado, no tardó en serme insoportable. Me cansé de las mismas escenas y de las mismas ideas. Me puse a sondear mi corazón y a preguntarme lo que deseaba... Sin padre, sin amigos, y, por decirlo así, sin haber amado aún sobre la tierra, estaba abrumado por una superabundancia de vida... Descendí al valle y subí a la montaña, llamando con todas las fuerzas de mi deseo al objeto ideal de una futura llama...».

Las revoluciones son como un cambio de velocidad en el tocadiscos de la historia. Los hombres viven con más intensidad, más radicalmente, ocurre así la ruptura de la monotonía... Pero al cabo la agitación cansa... La «revolución sexual» de Sofía, no la llena. La revolución del poder embriaga y destruye al hombre en Víctor Hugues. La revolución del saber hastía a Esteban. No es el placer que producen el sexo, el poder o el saber los que llenan el corazón humano (cdr. *El Siglo de las Luces*).

Después de los logros se comprende que estos han sido insuficientes, que hay que seguir luchando... pero ya no queda la fuerza esperanzante de la primera juventud, ya no queda el ímpetu animal de los primeros años... ¿qué hacer? Acomodarse... o seguir por seguir... para acabar y concluir con que la felicidad propia y ajena sigue siendo un mito...

El cristiano hoy, debe ayudar a revelar las heridas gangrenadas, las que han cerrado en falso. Encaramados en una estable y confortable posición, los hombres que alaban «sus realizaciones», no se dan cuenta que éstas han sido incompletas, que están inacabadas; que ellos solo cantan sus idealizaciones aún no realizadas y que están por realizarse.

La crítica cristiana de la sociedad es radical. Nosotros tenemos como norma un «sean perfectos como el Padre» que no nos permite sentarnos a coger el fresco, a autodivinizarnos en lo realizado, sino que nos empuja a seguir luchando. Pero el cristiano tiene también ya desde ahora, la realización de una plenitud, de un logro total, de un «amor que no acaba jamás», que es roca firme y segura fuente de felicidad. Este es nuestro aporte, encontrar la plenitud de la batalla del Amor por el sacrificio de sí, siempre necesario.

La gran tentación de una revolución que ya se estabiliza, es perder el dinamismo en la esperanza de algo mejor y ablandarse (*El Siglo de las Luces* - Esteban).

Caer en la «revolución por la revolución» y no en la «revolución por el hombre», y acabar en «revolución cultural» a lo China, con detrimento de la cultura, de la libertad, en fin, del hombre.

Reblandecimiento desesperanzado o endurecimiento deshumanizante. El cristiano con su vida debe mostrar que hay una revolución permanente en la personalización creciente, en la relación con la comunidad de fe, en la relación con Dios, en la entrega al absoluto, en la lucha por la justicia pase lo que pase, jugándose todas las cartas. El cristiano debe demostrar con su vida que la felicidad es posible. Que es posible vivir sin odios y ambiciones, sino con solo el Amor.

Porque al perderse el misticismo de la lucha armada y guerrillera, la tensión del primer sacrificio, el adaptarse a la comodidad de las cosas llevará a perder el sentido de palabras como justicia, paz, amor, libertad. El hombre se instala en las cosas: televisor, refrigerador, automóvil, casa... Pero nada de esto llena al hombre porque el hombre está hecho para algo más. Sin embargo, se sigue hablando de esas palabras que «suenan», pero que para muchos ya están vacías.

D) Iglesia y pueblo en revolución

a) El papel que hay que cumplir.

La comunidad cristiana, debe dar el ámbito donde se realicen estas palabras que tienen tanto peligro de vaciarse de sentido y experiencia: justicia, paz, diálogo, libertad, respeto y dignidad, etc.

Cuando el cristiano, en un medio injusto y lleno de divisiones y problemas, habla de justicia y paz, no hablará de palabras bonitas aprendidas de los libros, sino de realidades que ya vive en su comunidad de fe.

Este papel de la comunidad como maestra, debemos tenerlo claro, No significa que el cristiano tenga que hacer de su centro de trabajo una comunidad cristiana donde todos se llamen «hermanitos» y recen el rosario tres veces por semana. No podemos confundir comunidad eclesial y sociedad civil.

La primera se mueve en coordenadas de gratuidad y amor, la fe hace de sus miembros uno solo con Cristo. Las coordenadas de la sociedad civil son de ley de justicia: «Su más alta virtud es la tolerancia y el respeto».

Esto no disminuye la importancia de la sociedad civil. Cuando hemos sido víctimas de la injusticia o de la arbitrariedad de la fuerza bruta, cuando hemos probado en propia carne el desorden de las guerras y la discriminación; nos damos cuenta de la importancia del estado y la sociedad civil. Su función es mínimum, pero de mínimum necesario.

Por eso, el buscar la buena marcha de la sociedad civil, y preocuparse de política, es una manifestación y florecimiento del amor, y no la menor. Me permito recordar a Varela, cuya preciosa herencia debemos rescatar.

Se van haciendo necesarias tres aclaraciones para seguir adelante. Y es precisamente sobre el modo como la Iglesia va a realizar su encarnación en la Cuba de hoy:

– Si la Iglesia ha dejado de tener funcionalidad sociológica, ha de ejercer una presencia esencialmente dinámica, no mensurable ni institucional, a través de grupos activos. Retomemos el inicio de esta parte: La comunidad de base. Hace falta hacer presente la Iglesia, no a nivel de «autoridades», obispos, etc., si no a nivel de pequeños grupos de cristianos comprometidos de los sindicatos respectivos, comités de barrio, poder popular, etc.

– La iglesia ha de aceptar el reto de un mundo nuevo, siendo ella misma elemento de renovación y creatividad, aceptando la tarea común de la humanización. ¿Esto significa politizar la Iglesia? Ya he dicho que no, que significa comprometer a los cristianos a que sean levadura y sal.

– De ahí la necesidad de vivir la fe en grupos pequeños (además de los grupos parroquiales mayores0; así como antes afirmé la necesidad de vivir y sentir la fuerza de la unión, a nivel diocesano, nacional y mundial, como Iglesia y como miembros de la humanidad, así ahora digo que es necesario vivir ese amor concreto, concretamente. Pequeños grupos de amigos que se conozcan y compartan inquietudes y búsquedas; que se planteen sus problemas como grupo, que escuchen la Palabra juntos, en una palabra, que vivan la fe en toda su intensidad y profundidad, en auténticas relaciones de amor y con conciencia misionera.(a esto responde la experiencia del Cursillo Teológico).

En estas comunidades «el hombre se rehace, encuentra el nuevo significado de las cosas y de sí mismo, critica con lucidez sus propias alienaciones, se comunica con los demás y experimenta la fuerza del amor». (Congar)

Esto no quiere decir que la parroquia pierda sentido, como expresión de la Iglesia en tal pueblo o en tal barrio, la vida parroquial se verá enriquecida por la vitalidad de esos cristianos que viven en profundidad la fe.

¿Con qué fin se hará presente la Iglesia? Para ayudar a descubrir a los hombres, también a los hombres revolucionarios, la inagotable fuerza que ella ha recibido de Dios: Su fe en el Amor. El amor nunca queda sin trabajo, sean cuales sean los logros de una revolución. El dinamismo del amor esperanzado, siempre estará en marcha, siempre descubrirá caminos nuevos, esas «grandes alamedas» por donde pasa el hombre digno del mañana, y el hombre esforzado de hoy.

b) ¿Cómo mirará entonces la Iglesia a la Revolución?

La Iglesia a través de sus miembros, sabrá reconocer lo bueno y condenar lo malo. Es ésta una actitud honesta, que hará digna de respeto a la Iglesia... ante Dios y los hombres.

La Iglesia no ha de condenar una propiedad social común de los bienes nacionales. La Iglesia debe reconocer que hoy los campesinos tienen escuelas, los pobres trabajo, los hambrientos pan. Eso es un deber de justicia elemental. Los cristianos al encarnarse en esta sociedad deben plantearse: «cómo desde mi aquí y ahora», encarno un «comunismo personalista», por el cual vamos asumiendo con libertad esta verdad de peso: el bien común es lo primero, y esto sentido y vivido libremente, con alegría.

Por eso digo, que la iglesia tiene en este país, la función de resucitar ciertas palabras que se pueden «morir»: amor, libertad, persona, bien común, justicia: el papel de la Iglesia de cara a la nación es interiorizar en los cristianos, y a través de ellos en el pueblo, lo que los comunistas han tratado de plasmar en estructuras. Para un cristiano esas palabras no son vacías, puro nominalismo; son vivencias, experiencias, realidades. Trasmitirlas, hacerlas vivir, despertarlas en los demás es su misión. Y esto puede hacerse porque da la casualidad que todos deseamos ser felices, y somos felices precisamente cuando vivimos estas realidades.

c) Pero hay dificultades: deben ser asumidas en la fe.

¿Entonces todo es alegría y paz, trabajar hombro con hombro y ya?

Bien sabemos que no. Hay tensiones, hay problemas, hay presiones. La Iglesia es considerada «opio del pueblo», enemiga de la Revolución. ¿Qué actitud tomará ante la Iglesia?

– Nuestra Iglesia ha de tomar conciencia de su condición de «mártir» (no en cuanto víctima, sino en cuanto testigo). Testigo de Cristo cueste lo que cueste. Testigo de la verdad: ha de denunciar por medio de sus miembros, las injusticias sociales a nivel de trabajo, escuela u organización. Ha de denunciar a través de sus miembros y de su autoridad apostólica las injusticias que se cometan contra sus hijos.

– Debemos recordar, sin embargo, que el dolor y la persecución han tenido su lugar, en cuanto a la toma de conciencia de sí y su misión, para la Iglesia a lo largo de la historia: recordemos que la «nueva superstición» rechazada por romanos y judíos, perseguida por todos, se pudo dar cuenta así que ella no era ni judía, ni romana, sino universal, renovadora universal.

– Esta conciencia de la Iglesia cubana debe llegar hasta descubrir su vocación de «servidora de Yahvéh», como su Señor que murió para salvarla. Cristo ha querido asociarnos como Iglesia al misterio de su salvación «por la locura de la Cruz», en que «uno sufre a favor de todos», en que un pequeño grupo sirve de «goal» salvador para bien de los demás.

– No habrá patria nueva si no hay compromiso de la Iglesia con su Señor y con sus hermanos. En la Cuba nueva, la Iglesia del corazón ha de cumplir su vocación: el amor.

A la luz de estas reflexiones hay que comprender el éxodo de nuestras iglesias:

Estamos acostumbrados a ver como nuestros templos, antes llenos se vacían: ¿queremos llenarlos de nuevo? Sí, claro. Pero me pregunto:

¿Vale la pena, si el que se sienta a mi lado en el banco sigue siendo para mí un desconocido?

Yo me imagino a la Iglesia de Cuba hace veinte años como el árbol frondoso sin apenas flores ni frutos. Este árbol se ha ido reduciendo hasta quedar en una pequeña semilla: pero en esta semillita está escondida toda la vitalidad de un árbol nuevo que cuando crezca entonces, sí estará cargado de flores y frutos.

Ya hay iglesias en Cuba que hace un año tenían cinco personas y hoy tienen diez; todos se conocen y se quieren y tratan de llevar a Cristo a los demás: ¡ya hay comunidad, ya hay futuro!

¡Estos son los caminos de Dios! Que cuando quiere realizar maravillas se escoge un pequeño resto, pues hace las cosas de tal forma que no nos cabe duda que las ha hecho Él. «Él da la gracia y la gloria».

Una Iglesia que acoge con alegría lo bueno que esta revolución ha hecho y hace; una Iglesia que no se repliega en sí misma, y que canta ese mañana de una sociedad mejor, de la que sin embargo se la quiere desterrar; una Iglesia que no pierde su dinamismo a pesar de las dificultades y tropiezos; una Iglesia que no teme ir hasta las últimas consecuencias en su compromiso con verdad, pase lo que pase; una Iglesia que no odia a sus enemigos; esa, es una Iglesia que está gritando por su vida y con su ejemplo, que hay algo más, que se puede traspasar la frontera de lo humano, que se puede esperar «más allá de la esperanza», que el amor no pasa jamás, esta Iglesia, como ese amor que manifiesta, no muere.

E) Conclusión de esta parte: Lo más importante

Tal parece que este cúmulo de cosas por hacer, de actitudes por tomar, son imposibles de asumir. ¿Quién puede cumplir un programa así? ¿Quién puede tener la prudencia en cada ocasión de hacer lo que se debe? ¿Es justo pedirle esa actitud a nuestro pueblo fiel?

Debemos convencernos: la mayor gracia que Dios ha hecho a nuestra Iglesia cubana es llamarla, a toda ella, a la Santidad, de manera apremiante y urgente. Y Dios da las vocaciones cuando hay las condiciones. Este es el mayor Kairos del Pueblo de Dios en Cuba, a lo largo de su historia.

Me ha llamado poderosamente la atención que Santa Teresita, en el capítulo II de su autobiografía expresa su vocación personal a la santidad como un servicio a la Iglesia. En realidad la intuición que ya Pablo nos ofrece en 1Cor 13, la santidad es un carisma para construir la Iglesia, y la santidad es el amor: Mi vocación es el amor. Sí, he hallado mi lugar en la Iglesia... en el corazón se mi madre, la Iglesia, yo seré el Amor.

No podemos olvidar el caminito de Santa Teresita del Niño Jesús, que yo pienso, es el camino de nuestra Iglesia: el abandono total en manos de Dios, la confianza absoluta, el no buscar nada para nosotros mismos, sino entregarlo todo a Dios y a los hermanos.

Si acaso sentimos que la Iglesia está paralizada hoy por el miedo, estamos equivocados: La Iglesia, si está paralizada es por falta de amor. «Comprendí que solo el amor era quien ponía en movimiento a los miembros de la Iglesia; que si el amor se apagase, los apóstoles no anunciarían ya el Evangelio, y los mártires se negarían a derramar su sangre» (Escritos Autobiográficos, cap. II).

La caridad ha de llevarnos a Dios, «pues es el camino excelente que conduce con seguridad a Dios». Esta «experiencia de Dios por el amor», es la tarea principal de la Iglesia, «Ad intra». Hacer amar a Cristo, hacer presente a Cristo por el amor. De ahí mi insistencia en la comunidad.

Una Iglesia como la nuestra, que ha sido eminentemente «institu ción», que ha caracterizado su función salvadora en el Salvador por la cosificación, ritualización y amuletización de sus mediaciones debe esforzarse hoy por presentar un rostro más humano, por ser tierra de encuentro entre los hombres, formadora de comunidades, testigo de la verdadera salvación: la de el hombre y todos los hombres por el amor.

Para esto la iglesia debe renovarse en la celebración de los Sacramentos (encuentros con Cristo a través de la Iglesia). Para esto hay que promover la más profunda veta de personalización en la Iglesia: la Oración, el encuentro personal con Dios en el amor, y su grado más excelso, LA CONTEMPLACIÓN, la donación total de sí y la aceptación total de Dios.

El que ha hecho la experiencia del amor con Dios no puede no amar a los hermanos. Para nosotros los cristianos, el amor ha sido (¡tantas veces!) la caridad del que daba algunos centavos (o hasta pesos), del que «ayudaba» a los demás. Hoy debemos descubrir ese amor que se realiza en el encuentro con el hermano, que se manifiesta en la preocupación por el otro, que se basa en la igualdad y que llega a su culmen en la respetuosa confianza de decir «hermano», al que sabemos amigo, compañero y «señor en el Señor». Hoy el amor debe ser sentimiento, realidad, concreción. No podemos amar si no hay un hermano del otro lado de nuestro amor; no podamos decir que amamos si hemos excluido a alguno de los hermanos (aunque sea el menor) del término de esa relación de amor, que sacándonos de nosotros mismos, nos vuelca en los demás.

La lámpara no ilumina si no existe el cordón que la une a su fuente de energía. El amor exige dos polos, porque el amor es la concreción de una de una relación.

EN LA IGLESIA TODO ESTÁ (DEBE ESTAR) AL SERVICIO DEL AMOR

La Iglesia debe estar consciente que solo el amor que sufre, salva. Por eso su misión, es asumir su dolor, su sufrimiento, su minusvaloración actual con amor. Así salvará a los que hoy son sus enemigos. Así, servirá también a sus perseguidores. Así será semejante a su Señor; «no hay mayor amor que dar la vida por sus amigos... y enemigos».

SEGUNDA PARTE

PROYECTO PARA UNA REFORMA DE LA IGLESIA

¡ser o no ser
he ahí el problema!
Hamlet, acto III

Menos mal que existen
los que no tienen
nada que perder
ni siquiera la muerte.
Menos mal que existen
los que no miden
que palabras echar,
ni siquiera la última.
se arriman
a la noche y al día
y sudan si hay calor
y si hay frío se mudan
no esperan echar sombra
o raíces
pues viven disparando
contra cicatrices.
Escucha, se proyectan
y lloran
debajo de sus huellas
con tanto trabajo.
Se mueren
sin decir de qué muerte
sabiendo
que en la gloria
también se está muerto.
Menos mal que existen,
menos mal que existen
para hacernos.
Menos mal que existen
los que no tienen
nada que perder
ni siquiera la historia.
Menos mal que existen
los que no dejan
de buscarse a sí
ni siquiera en la muerte
de buscarse a sí

Silvio Rodríguez

V. Pistas para la acción

A) Reflexión preliminar.

Después de esta larga, y un tanto dispersa reflexión anterior, volvamos a recordar el inicio de este trabajo y saquemos las conclusiones.

La Iglesia es tenida como alienante y se la combate como tal. Si nos fijamos en los medios empleados en esta «guerra fría» veremos que son presiones de tipo masivo: acabar con la Iglesia haciéndola desaparecer sociológicamente. Nuestra respuesta debe ser en el orden de lo personal-comunitario: formar bien a los cristianos, personalizarlos. Nuestra situación nos fuerza a eso, pero además ¡hemos visto que no es otro el plan de Dios!, luego ciertas situaciones son providenciales y nos deben ayudar a tomar caminos rectos y seguros.

> Incluso el miedo; dice San Juan que no hay temor en el amor. Debemos enseñar a amar a la gente, y veremos si el temor que nos tratan de infundir, pero que nos negamos a recibir, puede o no hacernos daño.

Expresado en términos neurológicos, se nos ataca a nivel del hipotálamo; nuestra respuesta ha de ser a nivel de la corteza. ¡La corteza o cerebro prefrontal es la base fisiológica de las funciones superiores del hombre: inteligencia y voluntad, conciencia, libertad, amor! Esto nos invita a dejar otras motivaciones en nuestra evangelización y tomar solo las evangélicas: «Quien quiera seguirme tome su Cruz». Así no habrá peligro de que nuestros templos se conviertan en «salones de modas», «liceos para gente decente» o en «misteriosas logias de iniciados».

Para lograr esto debemos tener bien claro que todos somos responsables en la Iglesia, de la Iglesia. En otras palabras, debemos estar conscientes de la estructura carismática de la Iglesia.

B) La Iglesia, Pueblo de Dios.

La relación clero-laicado no es una relación de habla-escucha, dirige-acoge, manda-obedece, activo-pasivo, en lo que el primer término corresponde al clero y el segundo al laicado. La relación es de mutuo «oírse-escucharse», dirigir aceptando la iniciativa del otro, etc. Como ha dicho Schillebeeckx:

«El Pueblo de Dios al que pertenecen el clero y los laicos, no es en sí mismo ni clerical ni laico; es la humanidad viviente unificada alrededor de un centro: Cristo. Los elementos clerical y laico del Pueblo de Dios, se refiere solo a una diversidad de servicios.

Y esto es esencial a la Iglesia. Porque ésta, está formada por la *CHARIS*, que define a la Iglesia en cuanto formada sobre el amor de Dios (charis es igual a amor-gratuidad-don de sí-amistad). El carisma es «lo gratuito», algo concreto, la concreción del amor hecho gesto, palabras, acción. El carisma, es vocación, llamamiento de Dios para que nos desarrollemos en una línea concreta. Es regalo o don en favor de la comunidad para desarrollo de ésta. El carisma viene definido, pues, por la realización personal creadora, en servicio (eficaz y benefactor) para el bien de la comunidad. Los carismas en la Iglesia expresan la creatividad que el AMOR (Dios) concede a tal individuo y la necesidad que este individuo tiene de acudir a sus hermanos, poseedores de otros carismas que él no posee y necesita. Así pues, carisma significa: entrega de sí y apertura a los demás, donación humilde y necesitada.

Siguiendo a H. Küng podemos preguntarnos sobre los carismas:

a) ¿Son fenómenos ordinarios o extraordinarios?

¿Son solo milagros o hablar en lenguas, éxtasis, etc.? El verdadero carisma no se da donde hay milagro sino donde hay servicio, y el milagro será carisma en cuanto sea servicio. (1 Cor 12 y Rom 12) nos dan listas de carismas: exhortar y consolar, servir y enseñar, gobernar, etc... por lo tanto los carismas son fenómenos ordinarios en la vida de la Iglesia, de todo punto cotidianos. Cuando Pablo dice: «Aspiren al mejor carisma», citará al amor. La caridad, el carisma más inadvertido, corriente .y moliente, es el mayor. Es más, todo carisma toma de éste su consistencia (1 Cor 13).

b) ¿Uniformidad o variedad?

¿Solo el que se ordena recibe carismas? Se podrían distinguir tres grupos de carismas, sacados de las listas apostólicas: (1 Cor 12, 28-31), (Rom 12, 6-8) y (Ef 4, 11-ss).

1.- DE PREDICACIÓN: apóstoles, profetas doctores, evangelistas y monitores.

2.- SERVICIOS AUXIL1ARES: diáconos y diaconisas, limosneros y enfermeros, viudas consagradas a servir a la comunidad.

3.- DE GOBIERNO: superiores, presidentes epíscopos y pastores. Incluso el dolor ha de mirarse como un carisma (1 Cor 7,7.17). Con sus dones personales propios es asumido para el servicio de la comunidad, dando así una finalidad a la vida del cristianio que sufre y ofrece su dolor «para contemplar lo que le falta a la pasión de Cristo».

c) ¿Solo algunos o todos carismáticos?

Los carismas, además de cotidianos y variados, son universales. Nadie puede pretender tenerlos todos (el hombre orquesta). Por eso, los que dirigen no deben querer hacerlo todo. En la Iglesia la autoridad es servicio, diaconía. Todo cristiano es un carismático y hay que darle oportunidad para que se ejerza como tal.

Los carismas son el signo de la presencia del Espíritu Santo. No se puede renunciar a ellos sin el peligro de renunciar junto con ellos, al Espíritu, presente en todo fiel cristiano. Esta diversidad de dones y oficios no crea la división, sino la unidad, puesto que es «el mismo Espíritu el que actúa en todos»; «el Espíritu», idéntico en todos, apropia a cada cual la riqueza de Cristo, y hace que los diversos dones, las iniciativas de cada uno y de todos colaboren en la unidad. (Congar).

Ahora bien, cada cual tiene su carisma para todos, para los demás. El cristiano no usará de los carismas para conquistar puestos y poder en la Iglesia, sino para servir a los otros y a la totalidad de la Iglesia. Por eso el carisma principal es el amor: «De nada me vale hablar las lenguas de los ángeles y de los hombres, sino tengo amor».

La estructura carismática de la Iglesia nos revela que la unidad de, y en, la Iglesia no significa disolución de lo personal y propio sino su integración en una común unidad superior. Individualismo y masificación quedan superados en un «personalismo extático» que sale de sí por el servicio, por la puesta en común de lo propio para bien de los demás. Esa realidad encuentra su imagen primordial y fundante en la Trinidad donde subsisten las personas distintas en única naturaleza común.

La importancia de estas reflexiones para nuestra Iglesia es capital. Porque en nuestra Iglesia un clericalismo conscientemente buscado y asumido, es una tentación satánica, porque destruye el Cuerpo de Cristo «trabado en la diversidad de sus miembros». La corresponsabilidad significa fidelidad al Evangelio, al Espíritu Santo.

Esta corresponsabilidad es especialmente válida respecto de los jóvenes y hombres en nuestra Iglesia: su ausencia quizá esté explicada por la falta de participación durante tanto tiempo.

La autoridad apostólica tiene la competencia y obligación de vigilar porque los carismas sirvan al bien común, que construyan la Iglesia de verdad. La jerarquía no concede los carismas, los reconoce, vigila para que sean bien ordenados. La jerarquía sabrá que los carismas están bien ordenados, cuando aquellos que los poseen los asuman como servicio mutuo, por obediencia a un único Señor, en un solo Espíritu, cuando ofrezcan su propio servicio en Caridad. Pero deben recordar los que dirigen, para salud de su alma y bien de la Iglesia que el que se APODERA DE TODO, CREA DESORDEN.

Vista la unidad como esencial a la Iglesia, Pueblo de Dios, y constatando que la diversidad no atenta contra ella, podemos analizar el papel que en este único pueblo Dios asigna a cada vocación.

LOS OBISPOS. —Los obispos son los primeros responsables de la evangelización. Ellos son el Cristo que vive entre nosotros, y sabemos que al oírlos a ellos escuchamos al propio Señor. El obispo ha de ser entre nosotros el signo vivo del Amor. Preocupado por todos, cariñoso sin ficción, sencillo de veras, en lo absoluto teatral, «Uno de tantos» como el Señor. No el «factótum» sino el que todo lo escucha, el que acoge ideas y experiencias, el que aconseja y alienta, y el que felicita cuando se hace necesario. Servicial y respetuoso, para que se vea claro, que él es entre nosotros «el Señor Jesús». Su cayado no es vara de mando ni palo de castigo. Sino que al ser hombre débil como nosotros, debe tener un refuerzo especial; porque nadie en el rebaño, hará lo que él hace: cargar a la oveja cansada, cuidar de la enferma, curar a la perniquebrada. Su cayado es el signo de que el peso mayor precisa de mejores medios. Así, un auto no será un artículo de lujo, sino una necesidad de trabajo.

LOS SACERDOTES. —En nuestra Iglesia el sacerdote tiene un lugar de prominencia e importancia único. Él está directamente con los problemas y con las personas; él es la instancia, no solo primera, sino casi única, para los fieles.

Hay sacerdotes que lo esperan todo «de arriba», de los obispos y las comisiones nacionales. Y se quejan constantemente de no recibir orientaciones, lineamientos, direcciones. Yo creo que no comprenden que los obispos no tienen las soluciones hechas, que muchas veces ellos también están desorientados; y no saben por qué camino hay que coger. En situaciones como las nuestras, las soluciones no vienen de los pastores sino más bien de la base, del cristiano «fulanito», o del cura «menganito», es decir, de la acción concreta y viva, que se enfrenta a la muy viva y variante realidad. La corresponsabilidad en nuestra Iglesia no es una bella palabra, es un bien por conseguir. Un camino que seguir para poder ser fieles al Señor, en un mundo que desafía y pone fuera de juego todo esquema importado; situación que exige compromiso serio y creatividad despierta.

Esta creatividad inventiva debe estar presente fundamentalmente en los sacerdotes. Por su formación, por su situación, por su vida, tiempo completo al servicio del Evangelio. Precisamente por la excesiva clericalización de nuestra Iglesia, es necesario que los sacerdotes asuman el papel de animadores, y dejen un poco el papel de hombre orquesta, de hacelotodo y dicelotodo y decidelotodo. Hay que responsabilizar a los laicos, esto es esencial.

Otra tentación común y fatal en nuestros sacerdotes es la de la Iglesia-masa. Estábamos acostumbrados a ver nuestras iglesias más o menos llenas, concurridas. Ahora, casi siempre están vacías. Y queremos llenarlas de nuevo. Hemos dicho en otra parte: ¿vale la pena cuando el que se sienta a mi lado en el banco es para mí un desconocido? Hoy la Iglesia se hará si logramos que el amor del Señor pase del corazón del sacerdote al corazón de los fieles, y del corazón de estos al de sus amigos conocidos y vecinos: a todo el pueblo.

Los sacerdotes deben dar testimonio, por su trato común, por su trabajo en equipo, de ese amor que comienza amando al más cercano (el próximo o prójimo). No sabemos cuánto daño hacen esas rencillas sacerdotales, esas enviciejas inconfesables, esos celos absurdos, que por desgracia pueden ser más frecuentes de lo que pensamos y quisiéramos, y de lo que Cristo desea.

Los sacerdotes, «cuya porción es el Señor», han de saber que si el Señor no es quien los llena, se dejarán llevar por las cosas, o de manera inadecuada, por las personas. El camino de «las nadas» de San Juan de la Cruz, no se recorre sino cuando nos vaciamos de «los algos» para ser llamados por «El Alguien».

El sacerdote debe estar al servicio pleno de la comunidad. De ninguna manera me entendería el que pensara que al decir esto quiero oponer el clero a los laicos, echarlos a pelear. No quiero contraponerlos sino integrarlos. Al decir que el sacerdote está al servicio del pueblo, no lo rebajo, no lo alieno; lo comparo simplemente con Cristo, de cuya trascendencia servidora es testigo y sacramento el sacerdote.

Yo creo que en muchos países al «clericalismo de superioridad» –manipular lo humano poniéndolo al servicio de lo pretendidamente sobrenatural sin respetar la especificidad del mundo (cristiandad)– ha sucedido un «clericalismo de inferioridad» en que el sacerdote se pone él, y su condición de servidor del Reino, en función del mundo de tal manera que no respeta su propia condición: por ejemplo, sacerdocio político-partidista. Esto es algo que debemos evitar cuidadosamente.

Sin el testimonio de un equipo sacerdotal unido, de testigos del Señor, pienso que tampoco habrá Iglesia del futuro.

EL LAICADO EN LA IGLESIA DEL FUTURO.

Por desgracia nuestra Iglesia es una Iglesia eminentemente clerical. Lo hemos dicho, los curas dicen y deciden. Un clero quizá demasiado viejo da a la Iglesia una tónica poco dinámica. En realidad el futuro de la Iglesia en Cuba está en manos de los laicos (como en el África del siglo VII o la Inglaterra del XV o la Polonia de nuestros días). Habrá Iglesia laical o no habrá Iglesia: he ahí el dilema.

1.— Al laico le compete hacer presente, en el «reino de este mundo», la realidad de un «Reino» de que también es ciudadano: el de Dios.

2.— Por lo tanto, su fe ha de inspirar al laico su acción en el mundo. Acción de acabar la obra creadora de Dios, elevándola a su meta última, Cristo. Acción que es presencia y compromiso en la cuádruple misión que tiene como Iglesia: *anunciar* la nueva realidad, Cristo; *unir*, en la mesa material y espiritual (repartición de bienes y eucaristía), por el amor; *liberar*, con su crítica constructiva a la Iglesia y a la sociedad de sus alienaciones; y la última, que; resume las anteriores y las engloba: *servir* como Cristo lo hizo.

3.— El laico ha he estar consciente de su misión de construir «comunidad espiritual» que sacramentaliza a Cristo, su Señor. Comunidad que recibe de Dios como Don y que él construyó para sí y sus hermanos por y para el amor (que alcanza su plenitud en sí mismo). Por lo tanto, hay que tener presente que la comunidad no es solo de fe, (el credo y la misa, en cuanto culto), de amor a Dios y esperanza en Cristo… **Es también comunidad de relación concreta y efectiva**. Como ha dicho Mons. Feltin: «¿Tenemos derecho a llamarnos católicos cuando nos conocemos tan mal y comunicamos tan poco unos con otros?».

4.— Pero el seglar, en su misión «ad extra», respecto del mundo, es responsable de la trasmisión de la fe y de la vida de fe. Esto lo cumple de tres modos o grados «de predicación».

– El cristiano ha de predicar con su vida la fe que profesa. Esto es una exigencia de autenticidad.

– Debe dar razón pública de su fe, cuando sea requerido a ello por interrogatorios públicos o privados. En este mundo nuestro hecho de cosas y exterioridades es difícil no ser materialista en su sentido más craso. La materia nos asalta, nos pone zancadillas, nos saca de nosotros mismos. Pero tenemos que tener la valentía de contradecir, de afirmar lo negado, de revelar lo oculto: el Invisible existe, Dios es. Esta es la tarea misionera del laico hoy, en el taller, la fábrica, el laboratorio, la escuela.

– Debe predicar también con su palabra. Al laico le está prohibida la predicación en los actos públicos de la Iglesia (Canon 1342). Pero dice Congar, que esta prohibición (para mí muy discutible y que debe revisarse) que se refiere a la comunidad ya convocada, no alcanza al aspecto misionero. Citando sus palabras: «La enseñanza de los laicos se ejerce principalmente en el campo misional de la iglesia, allí donde debe ser implantada, allí donde todavía no está instituida». EL KERIGMA, o anuncio de la salvación corresponde «por su estado teológico a los laicos (la didaché a los sacerdotes). «El kerigma es la comunicación personal de la convicción que se posee, de un choque recibido, de una experiencia vivida... que se dirige a los hermanos de fuera antes de su entrada a la comunidad eclesial» (Jalones... pág 268). Por ejemplo, charlas prebautismales, catequesis, formación de adultos, preparación a la comunión de adultos, etc.

Bueno es que tengamos en cuenta lo que dijo León XIII refiriéndose a esta propagación por los laicos, de la fe: «Pero los fieles no llenarán este deber como conviene, colmadamente y con provecho, si bajan a la palestra separados unos de otros... Hay la obligación de trabajar como ejército dispuesto a la batalla», esto es, unidos. Una vez más es bueno recordar la necesidad de la comunidad, no solo para la vivencia personal de la fe, sino, para su trasmisión efectiva. Por supuesto que este vínculo con la comunidad implica, consecuentemente, relación especial con les que en ella sacramentalizan la presencia de Cristo-cabeza y su trascendencia frente a la comunidad: los pastores.

Pistas para una espiritualidad laical en Cuba hoy

— Lo que se predica, primero ha de vivirse; ha de efectuarse lo que decimos. Es decir, hay que vivir una profunda vida espiritual. ¿Cómo será esta espiritualidad? Veamos:

— «La relación personal e inmediata de la Iglesia debe representar para el fiel de hoy, el sustento de toda su vida espiritual». Más claramente, se hace necesaria una vida de oración. Como ha dicho un teólogo americano: el futuro del cristianismo en América Latina, exigirá que todo creyente con fe comprometida en la historia (y no alienada) sea un contemplativo, con la experiencia espiritual de una fe en contacto asiduo con el Evangelio y la Eucaristía, fe que ha sido capaz de salir de un contexto religioso rutinario y ha encontrado a Dios y a su Cristo, Señor de la historia, como una presencia oscura pero cierta en la Historia de América Latina. «Historia hecha de cambios, de violencias, de revoluciones. Pero historia claramente comprensible en el Misterio Pascual de Cristo» (S. Galilea).

— La vida del cristiano, a partir de esta relación, debe fundarse en la obediencia a una voluntad de Dios que es Amor. El cristiano pide «Venga tu Reino», y debe aceptar ese reino y luchar por Él. Pero debemos recordar que Yahvéh, nuestro Dios, roca firme, se manifiesta en los acontecimientos, salva en la historia. La virgen que queda encinta, el niño que nace en un pesebre, el obrero que predica por los pueblos y es asesinado: Toda la vida de Cristo es hecho, acontecimiento, historia salvadora. «Dios viene, está viniendo».

— Esta voluntad de Dios se concretiza en su vocación personal, estado, oficio, carisma; pero no es solo esto, es el llamamiento que Dios realiza a través de circunstancias concretas: políticas, sociales, económicas. La vocación, da sentido a la vida de cada uno.

— De la vocación brota en el cristiano la exigencia de servicio. Habíamos dicho que el carisma es el llamamiento que Dios dirige a un particular para determinado servicio en la Iglesia, capacitándolo a la par para ese servicio. En una palabra, de la vocación personal brota la exigencia de servicio.

— Cae por su propio peso que toda vocación nos confiere el sentido del compromiso y la responsabilidad. De ahí que el cristiano sea libre, pues es responsable. Y es hijo del Dios-Amor cuando no utiliza su libertad para sí y su egoísmo, sino que la compromete en favor de los hermanos, por el Amor: que se hace solidario en especial con los más pobres y explotados.

— Porque su libertad es situada y su amor es realista, el cristiano debe buscar el trabajo en equipo. Come ha dicho alguien: «Para mí el más importante medio de salvación es pertenecer a una comunidad cristiana... Para mí lo que me parece ser un elemento primordial de Santidad es, precisamente, la vida comunitaria, que es a la vez llamada luz y principio de unidad».

— El equipo (la lucha realista por el bien), no se consigue sin sacrificio de mí, sin sufrimiento por la incomprensión o cerrazón de los demás; sin rompimiento con el propio egoísmo. La cruz es siempre necesaria. Para el cristiano la muerte es condición para llegar a la vida.

— Por lo tanto, el cristiano ha de hacer presente en su vida el triple misterio de Cristo. El de encarnación, compromiso, arraigamiento; el de resurrección, liberación, que pasa por la muerte, por la lucha y el fracaso; el de reconciliación, que crea una fraternidad universal, que lucha porque esta paternidad sea realizada en el Hoy. Para esto está la esperanza que nunca falta. Porque el cristiano sabe que lo que él busca puede parecer un imposible, pero con el poeta sabe decir: «He querido hablar de cosas imposibles, porque de lo posible se sabe demasiado».

Conclusión. — Estas cosas parecen demasiadas, pero se consiguen cuando se confía en los laicos y se les responsabilizan en una tarea concreta, en que ellos se sientan los que llevan el peso de las cosas, en las que tengan libertad de decisión, dentro del diálogo necesario. Para mí, éste ha sido el principal éxito del Cursillo Teológico de Oriente.

Hoy en Cuba la cultura crece: Facultades Obreras, Universidades, Escuelas de Idiomas. A la Iglesia le toca su papel en esto: ella debe ser «Alma mater», madre alimentadora de la vida, la reflexión y la búsqueda de nuestro pueblo.

Las comunidades de base jugarán un papel cada vez más importante en la actuación y compromiso del seglar. La creatividad que exige el enfrentar situaciones nuevas, en un medio difícil, hacen que estas nuevas situaciones no puedan ser asumidas aisladamente. El plantearse las situaciones. y resolverlas a la luz de la fe; es obra del pequeño grupo en que la confianza y el mutuo conocimiento permiten hablar con libertad.

La pastoral misionera a cargo de estos laicos plenamente insertados en su medio, y que viven «en Iglesia» (por medio de las «eclesiolas») es otra de las tareas principales de una Iglesia que ha perdido en centralización y estructura para ganar en encarnación, compromiso y eficacia.

Las religiosas en la Iglesia del futuro

a) Religiosas contemplativas:
Si hemos dicho que la Iglesia que pretendemos levantar es la Iglesia del Amor y del Espíritu, parece inútil insistir en la importancia de las religiosas contemplativas: cuya vocación es «el Amor»; ellas tienen «su lugar en la iglesia». Como dijera Santa Teresita definiendo su vocación: «En el corazón de la iglesia; mi madre, yo seré el Amor».

Pero hace falta sensibilizar nuestro pueblo fiel en este amor, en esta fuerza que nos solidariza y une. Hay que decirles y hacerles sentir que las contemplativas existen y tienen un sentido, ellas también construyen la Iglesia. Hay que mantener también a las religiosas, sin ocupar demasiado su tiempo, informadas de esta Iglesia por la cual oran y se sacrifican en holocausto de amor. Que sepan ellas que nosotros las sentimos necesarias y solidarias; que sepan lo necesarias que son a esta Iglesia que va buscando su propio rostro.

b) Las religiosas de vocación asistencial.
El mismo principio de solidaridad y conciencia de servicio a toda la Iglesia debe haber en las religiosas de vocación asistencial.

> — **De Las religiosas entre sí**: Por desgracia en las reuniones de religiosas son las de vida apostólica, no solo las que llevan la voz cantante, sino prácticamente las únicas que hablan. Si según el criterio que hemos dado, la norma de que nuestra evangelización esté siendo integral, es la creación y promoción de comunidades de fe y amor, debemos saber que esto no solo se realiza en la pastoral directa de la parroquia.
>
> Hablaré de un caso del que he sido testigo. En el Asilo Santa Teresa de Jesús Journet, ha habido en este sentido una experiencia a mi modo de ver peculiar y aleccionadora, Con y por el trabajo de las religiosas, ayudadas en esto por los seminaristas, se ha ido creando un verdadero ambiente de fervor en la vida de fe y en la calidad de la vida de relación; entre los ancianitos allí asilados.

Una comunidad animosa y activa, que vive gozosamente en el amor. ¿Puede haber experiencia más rica y útil para llevar a un diálogo y revisión con las hermanas de vida apostólica? Las dificultades, búsquedas, logros y experiencias de la vida de fe y amor en el seno de las mismas religiosas en sus comunidades, podría ser otro tema importante para tratar en estos encuentros.

Esto exige la sinceridad y la humildad de plantear con realismo los problemas, con verdadero sentido de diálogo y mutua ayuda, y no de revanchismo y rivalidades.

— **De las religiosas y la Iglesia**: Las comunidades parroquiales han de de saber valorar los esfuerzos de las comunidades religiosa que dedican su fuerza y su tiempo al Cristo sufriente y pobre. Deben tomar de ellas ejemplo y fuerzas para cumplir, como laicos, esa vocación diaconal que es de toda la Iglesia, pero que realizan de modo eminente y ejemplar las religiosas asistenciales.

Las religiosas, por su parte, deben caer en cuenta de la dimensión eclesial del trabajo que realizan. Sentirse en comunión con toda la Iglesia de Cuba. Deben ampliar sus horizontes, evitar la miopía y estrecheces mentales que las puedan acechar. Deben tener en cuenta de modo particular, la influencia que ejercen sobre las familias de los asistidos por ellas, y el respeto y cariño con que el pueblo todo mira su labor. Sentir ese amor, anima, vincula y empuja a una entrega mayor: compromete y alienta.

c) Las religiosas con actividad pastoral:

El Papel de las religiosas en la pastoral ha sido minusvalorado y subutilizado en nuestra Iglesia, quizá debido a la falta de visión adecuada de los sacerdotes y de las mismas religiosas, quizá por falta de una adecuada pastoral de conjunto.

Es indiscutible el impacto qua en nuestro pueblo producen las religiosas. Curiosidad y respeto, cariño y cierta supersticiosa veneración se mezclan para dar por resultado una acogedora actitud de apertura ante «las monjitas». Esto hace inestimable la labor de las religiosas en la pre evangelización, en especial con respecto a la formación de comunidades familiares, y en la formación y orientación de la mujer y de las jóvenes, también en la catequesis y pastoral de enfermos. Y todo esto, de manera particular, entre el pueblo sencillo, incluso entre los que no asisten al culto.

Pero la labor de las religiosas, sobre todo a nivel nacional, se ve bastante restringida por la concentración de las monjas en la provincia de La Habana. Esta concentración de curas y monjas en La Habana no ayuda a que las religiosas asuman su rol en la Iglesia.

Me permito ofrecer el relato de otra experiencia de que he sido testigo.

Cierta religiosa, que radica en La Habana, llevada por su espíritu misionero y apostólico, y consciente de lo anteriormente dicho, está deseosa de ayudar a regiones más pobres y urgentemente necesitadas de nuestra Iglesia Nacional. Pero lejos de estar vacante, esta religiosa era una de las más comprometidas pastoralmente, con cargos vitales a nivel vicarial. Cargos en los se la tenía por imprescindible. Los deseos de su generoso corazón y la realidad, chocaban a ojos vista. Pero el amor inventa.

La religiosa responsabilizó a los seglares de su vicaría. Fue repartiendo al ingente trabajo que ella sola realizaba y liberándose poco a poco del apremio que éste le significaba.

Esta religiosa ha puesto en marcha dos nuevas experiencias que pueden ponerse ya como ejemplo de eficacia e inventiva pastoral. Comenzó a visitar cada tres meses, más o menos, pueblos de otras provincias. Durante quince días, animaba el trabajo de los laicos (pastoral de enfermos, catequesis, pastoral familiar, etc.), organizaba y nucleaba los grupos cristianos de esos pueblos, tratando de formar en ellos espíritu de comunidad.

Hoy esta religiosa, sin abandonar el trabajo que antes tenía, ayuda a formar las comunidades cristianas de cuatro pueblos, antes insuficientemente atendidos. Ella misma ha multiplicado su radio de acción e influencia pastoral y ha responsabilizado y comprometido a otras personas en la difusión del Evangelio.

Aunque el papel de las religiosas esta eminentemente al nivel del testimonio de su entrega en el Amor, creo que su papel prácticopastoral irá en aumento cada día. Hay muchas puertas que no se abren al sacerdote y que se le abren a las religiosas. Además de esta Iglesia nuestra que hemos definido como «la Iglesia del corazón», el corazón de la Iglesia se hace necesario e imprescindible, con su testimonio directo.

La religiosa es el Evangelio hecho persona bajo el símbolo del amor. Ella es como el dardo que va directo al punto «más débil» del cubano, su corazón. Nuestra Iglesia debe concientizar a las religiosas de su papal, del tesoro que significan para la evangelización y la promoción de nuestro pueblo en el Amor.

El seminario

Sin duda el Seminario es una de las instituciones más importantes de la Iglesia cubana.

Dada la clericalización de nuestra Iglesia, es una necesidad que el Seminario ayude a formar un sacerdote de nuevo estilo, que aprenda a trabajar con el laico, a respetarlo y darle libertad de opción y acción; que sepa trabajar con sus hermanos sacerdotes en plano de igualdad, en equipo; y que aprenda a relacionarse con su obispo sin sumisiones ni rebeldías. En una palabra, un sacerdote equilibrado y realista.

Esto se consigue (debe conseguirse) en el Seminario. Por eso del Seminario depende en gran parte la Iglesia del futuro. Veamos algunas reflexiones que nos pueden orientar por este camino.

Desclericalización del Seminario:

El Seminario debe comenzar este proceso de desclericalización, por la conversión de la mente: por una formación, que ya desde los primeros años, insista en el ministerio como servicio y haga ver la necesidad de trabajar con y para el Pueblo de Dios.

En esta línea, podría ayudar el aumentar en número y calidad la participación del elemento laico en el claustro profesoral, y que estos participen de alguna manera, no solo en la enseñanza, sino en la educación de los seminaristas, participando de las inquietudes, búsquedas y en la vida misma del Seminario. Podría pensarse en la posibilidad futura de alumnos laicos del Seminario.

Además, se podría dar al Seminario la función a nivel nacional de preparar y encargarse de ayudar en sus respectivas diócesis, desde el Seminario, a la formación de los seglares; como la han realizado los seminaristas de Oriente este año. Esto no quitaría la participación en parroquias y comunidades de La habana, sino que serviría para orientar el trabajo del Seminario en una línea común, que vincule al seminarista con su diócesis (clases por correspondencia, catequesis, etc.).

Que el seminarista, sobre todo en los últimos años, trabaje con sacerdotes y laicos de su provincia, que conozca la realidad concreta, que se entusiasme con ella, con sentido de Iglesia nacional y local, que comparta experiencias e inquietudes con seminaristas de su diócesis y de otras diócesis. Esto ayudaría a librar al Seminario del «ombliguismo», de la atmosfera superficial y el capillismo, peligro que amenaza a toda comunidad cerrada sobre sí misma.

Un modelo que quizá nos ayude a encontrar el papel del Seminario en la vida de nuestra iglesia, pudiera ser el de las universidades medievales, o más criollamente, el de nuestra vieja y venerable historia come colegio-seminario, en el siglo pasado. El Seminario sería un centro nacional de reflexión teológica y filosófica tanto de la realidad nacional come del papel y lugar que en esa vida nacional le corresponde a la Iglesia. Retomaríamos de esta forma la herencia de Félix Varela, Luz y Caballero, Rafael María Mendive, José Agustín Caballero y tantos otros.

En nuestra Iglesia, con poco elemento dinámico, con insuficiencia de sacerdotes, agotados en tapar huecos, y con un laicado aún muy pasivo, «la esperanza de la Iglesia», su fuerza más joven y dinámica es subutilizada, insuficientemente empleada durante los largos años de formación. Por experiencia propia digo que cuando uno se siente «bien empleado» en un trabajo provechoso, creativo, del que uno se siente responsable, mejora en su asimilación de las materias que estudia, las asimila con mayor realismo, más en nuestro contexto; se profundiza la oración, se dinamiza la vida.

Responzabilización de los seminaristas:

El mismo funcionamiento del Seminario debería tender a responsabilizar a los seminaristas en la dirección del Seminario. Los mecanismos adecuados de participación han de buscarse y promoverse, hasta conseguir una consciente y necesaria democratización. Solo en la libertad se alcanza la plena realización del hombre, y es libre aquel que participa. Todo gregarismo y masificación es mortal en la formación del sacerdote futuro (asambleas anuales de evaluación y planificación, reunión de responsables, equipos de elección de profesores, etc.).

Bien sabemos que esto no es fácil. Los seminaristas, como casi todos los jóvenes hoy, vienen de un medio en que la participación es mínima. Crear los nuevos condicionamientos sicológicos es tarea delicada y de tiempo. Pero ha de hacerse si queremos que el seminarista vaya alcanzando la madurez adecuada, y cuando comience su labor pastoral en la diócesis, se sienta y sea para su obispo un colaborador responsable. En esto hay que tener en cuenta la edad y tiempo de estudios de cada sujeto.

Sabemos los detestables resultados para la creatividad y realización de la persona humana, de una educación en que todo se ha «hecho desde arriba», por una autoridad que resulta, así, alienadora. En la medida que sintamos el Seminario como «obra común», y no «institución inamovible», sino tarea por realizar, búsqueda y novedad, iremos creando un sacerdote inventivo y realista, activo y realizado, que pueda enfrentar situaciones nuevas y difíciles en una sociedad secularista y atea.

A medida en que la formación laical se vaya generalizando y estabilizando, se verá como muy lógico que la formación sacerdotal se reciba también fuera del Seminario, por medio de cursos de formación de más amplitud que los ya acostumbrados para seglares. De tal manera, que cuando un seglar, en comunión con el obispo, acepte el celibato, y sea necesario a las comunidades en que se desenvuelve su trabajo laical, pueda ser ordenado. Habría pues, distintos tipos de sacerdotes: obreros, profesionales, sacerdotes formados en el Seminario todo el tiempo, o parte de él. En esto la vida nos irá enseñando, si somos capaces de aprender, y nos disponemos a ello.

En una palabra, el seminarista del futuro, debe ser un hombre intelectualmente inquieto, pero sin diletantismo; humanamente abierto, pero no simplista; profundo sin ser pesado; espiritual, con espiritualidad centrada en Cristo; hombre de diálogo, capaz de escuchar y opinar con libertad, respetando al otro; de espíritu misionero, que ame a su tierra y a su gente, pero sin perder un corazón de «ciudadano del mundo». Hombre que ama a la Iglesia y se sacrifica por ella.

¿Utopía? Estoy consciente de que muchas de las cosas dichas a lo largo de este trabajo pueden ser clasificadas bajo este rótulo. Pero me permito citar al poeta: «Yo he preferido hablar de cosas imposibles, porque de lo posible se sabe demasiado».

Me permito hacer otra cita. Es de monseñor Dadolle, Obispo de Dijón, que, ¡en 1907!, dijo refiriéndose al trabajo de los laicos. (Esta cita se puede poner debajo de cada sección de este trabajo, la pongo aquí por ponerla en algún sitio concreto):

«Se habla de peligro, de posibles injerencias; ¡ah señores!, yo sé muy bien que existen toda clase de peligros. Solo cabe no hacer nada, o no dejar hacer nada, para evitarlos todos. Pero entonces nos resignaremos al mal supremo, a la abstención, el oficio de los inútiles a quienes el gran poeta de la Edad Media, Dante, cuando hacía el inventario de su infierno, no quería ni siquiera saludar con la limosna de una mirada: Mira y pasa».

La acción

Después de todo lo dicho, nos parecerá casi imposible integrar tantas cosas, hacer que todos se sientan responsables y trabajen, lograr la unidad entre tantos caracteres diversos, entre personas tan distintas. Además, ¡son tantas las cosas por arreglar! ¿Cómo empezar? ¿Cómo unificar tanta unificar tanta diversidad?

Una obra común.

No importa cual, pero obra concreta, acción por hacer, cuyo éxito dependa de todos, del compromiso de todos, de la responsabilidad de todos. La obra, como principio dado, la tenemos: «Vayan y evangelicen, bautizando», pero este mandato ha de encarnarse en formas concretas de evangelización: un proyecto pastoral, un curso de formación, una exposición...

Algo concreto. «No se trata de descubrir y recorrer solo un sendero, una sola vez, sino de trazar y construir un ancho camino para que muchos lo recorran».

Una obra común cuyo móvil sea el amor; que nos saque de nuestras casillas, de nuestros problemitas», para darnos una preocupación común que nos una y nos anime. ¡Qué distinto el camino recorrido de Jerusalén a Emaús, por aquellos dos discípulos que huían, cuando tuvieron que desandar lo andado: estaban más cansados, era de noche ya, y quizá tropezaban más con las piedras del camino, pero llevaban una noticia, una buena noticia, su caminar tenía sentido y finalidad. Ellos comprendieron entonces «...¡cuán hermosos eran sus pies, al convertirse en mensajeros que anuncian la paz!».

Partamos de los hechos.

La acción liberadora tiene la palabra. La acción es la tarea de todos hoy: llevar a Cristo, encontrarnos con el pueblo, sembrarnos en él, redimirlo con la ofrenda de nosotros mismos. Volver a sentir que con nosotros, de camino, también va Jesús, el peregrino misterioso. En una palabra, VIVIR LA AVENTURA DEL AMOR que es relación concreta o la concreción de una relación, con el obispo, con hermanos sacerdotes, con los laicos, las religiosas, los otros seminaristas, con los ateos, indiferentes o enemigos. Con TODOS.

Para esto «la mejor escuela es la práctica y hay que pasar por ella» (Padre Lebret).

Estructuras de diálogo.

De ahí que tratemos de crear las estructuras de diálogo a partir de la vida. Un Consejo Parroquial que responda de verdad a la necesidad de la gente, que reúna a jefes de equipos, los que tienen responsabilidades, los están trabajando en la comunidad, y tienen necesidad, (porque eso es una consecuencia de la vida) de comunicar sus experiencias, de enriquecerse con las de los otros. ALGO VIVO, no algo artificial o nominal.

Un Consejo Parroquial donde los miembros trabajen y sepan que tienen que trabajar en equipo: estudiar, revisar sus vidas, predicar el Evangelio, dar catecismo, preparar la misa o arreglar la iglesia. ¿Quién ha visto que los muertos tengan asambleas para ver «cómo asfaltar el cementerio»? A veces da la impresión que alguno pretende esto, pues piensan que donde no hay vida puede haber estructura que funcione.

Y quien dice un Consejo Parroquial, dice la Asamblea Diocesana. Estas deben servir para revisar y proyectar el trabajo de toda la diócesis, ver por dónde anda el Espíritu, averiguar qué caminos y soluciones han ensayado los otros para el enriquecimiento propio, y viceversa. Esto es, tomar conciencia de que somos responsables de toda la Iglesia, que lo poco que yo haga puede ayudar no solo en mi pequeño radio de acción habitual: en una palabra, sentirme Iglesia. Esto es comprometer a los rezagados, despertar a los dormidos, animar a los que ya trabajan.

Conclusión final

La Nueva Iglesia depende de nosotros. ¿Hace falta decirlo? Parece que no. Y, sin embargo, hay que decirlo. ¡Tal es su importancia! Nuestra conversión como vuelta a Dios y encuentro con los hermanos, es una necesidad, para que haya Iglesia; para que ella nazca en nosotros. Por eso, parafraseando a Pablo VI decimos: «La Iglesia depende también de ti».

Las presiones, persecuciones, dificultades, limitaciones y problemas con el medio, ¿qué? ¿No acabará eso con la Iglesia? Este mal externo, mejora a la iglesia. No es por tanto, ni con mucho, lo peor. El mal, el mal de verdad... ¿dónde está? ¿Qué impide que la Iglesia crezca y fructifique? ¿Dónde está el mal? El mal de la Iglesia somos nosotros en cuanto pecadores y faltos de fe.

Y en este sentido el mal no está fuera de la Iglesia sino dentro de ella. Nuestras incomprensiones, nuestras envidiejas, nuestras faltas de celo, nuestra comodidad, nuestros secretos deseos de poder. He ahí el gran mal de la Iglesia. He ahí el demonio que hay que exorcizar.

La desesperanza, la desconfianza, el desánimo, la inercia: las divisiones, los pequeños tiquis-miquis, la incomunicación, esas son las zancadillas del demonio, «esas insignificancias» le hacen más daño a la Iglesia que todas las persecuciones afuera. No creer en nuestra Iglesia, en los caminos que Dios le ha elegido. En una palabra, no creer en Dios: no me refiero al «Dios del catecismo», al Dios de los libros de teología y las sistematizaciones. Me refiero al Dios-Otro, que va conmigo aunque no lo vea. Que me escucha y me perdona; que no soporta mi mediocridad, pero me ama. ¡Si no creemos en Dios, aquí no hay nada que hacer!

Pero convenzámonos, creer en Dios es creer también en nosotros mismos como Iglesia, como pueblo, como personas. Dios ha querido necesitar de nuestros «cinco panes y nuestros dos peces». Dios ha querido contar con nuestra colaboración, y sin ella, no realizará sus maravillas. Porque la Gloria de Dios es el hombre vivo, Él no va a realizar «multiplicación», sin nuestra pequeña colaboración. «Como el niño pequeño a quien su padre ofrece el timón para que maneje un tramo de la carretera, aunque él, el padre, mantenga la dirección y control último del carro... pero el pequeño maneja».

Dios nos ama, es decir que Dios nos crea, y que cree en nosotros, y nos trata como hijos, y nos respeta come personas. Dios no prescindirá de nuestro esfuerzo.

El capítulo 13 de 1Cor, es de un marcado carácter eclesiástico. En el capítulo 12 Pablo nos habla de los carismas, esos dones y misiones por los que el Espíritu construye la Iglesia. En el capítulo 13 «nos muestra un camino mejor»... Para conseguir la Iglesia el camino mejor es el Amor. Esta «Iglesia del Corazón» que pinta Pablo que han cantado los santos y los mártires, esta Iglesia del Amor, es la Iglesia de mis sueños y mis desvelos: para ella lucho, por ella sufro. En ella quiero ser «mártir y apóstol»: testigo y evangelizador.

Esta es también la Iglesia de la libertad. Porque en la Iglesia hemos entrado por la puerta de la libertad. En ella permanecemos porque queremos, y a Dios le llamamos Padre porque hemos querido, o mejor, porque hemos coincidido con su querer previo: «Dios nos amó primero»... «Pero no nos salvará sin nosotros».

Esta es la Iglesia de la felicidad: donde todos sentimos el gozo de sabernos hermanos. Iglesia que cobijó a mis mayores, donde ellos encontraron el gozo de vivir a plenitud. Iglesia mía, que ha sido para mí «gloria y corona». Iglesia que será para los niños que veo correr en los parques o para los que todavía no han nacido y están por nacer, respuesta y alegría. Porque la Iglesia es Cristo hoy entre nosotros.

Iglesia de la verdad liberadora. «¿A dónde iremos Señor? Tú tienes palabras de vida eterna». El Verbo se hizo carne en el Hombre Jesús y hoy se hace carne en esta Iglesia, Hija de María. Es lo que ha expresado el apóstol de nuestra independencia nacional:

«Con el amor se ve.
por el amor se ve
es el amor quien ve».

Solo hay una verdad. «La única verdad es amarse». Y esta verdad la hemos conocido a través de la Iglesia, en Cristo: mensaje y Mensajero del Dios de Amor, Primogénito de toda creatura, Imagen del Dios Invisible y cuya sangre nos ha salvado. Esta es la Iglesia que «cumple toda justicia», que ha superado la ley al «cumplirla toda entera».

Esta es la Iglesia del mañana. Iglesia que hoy amanece en nuestras comunidades pequeñas y pobres, sufrientes y perseguidas. Pero este sol nuevo que nace, no tendrá ocaso jamás: «Porque su luz es el Cordero»

EXCURSUS

Iglesia e Historia

La Historia es toda ella el reflejo de la gran aspiración de los hombres al amor, a la comunión. La Revolución Francesa con su triple pretensión de igualdad, faternidad. Lo más profundo de la teoría de Marx: la liberación de las alienaciones para posibilitar el acceso a relaciones interhumanas adecuadas; la concepción del trabajo creador, en que hombre y materia comulgan para la realización de ambos. Incluso el facismo, «el Facio», el haz de ramas unidas que hacen la fuerza de un pueblo. El hombre, una clase o un pueblo: pero en el fondo, extrañamente afirmado, aún negado por los hechos; aún sin comprender su esencia de universalismo, servicio y autodonación: el Amor.

Ese mismo Amor que para el cristiano no es idea vaga, o simple sentimiento, sino realidad, y muy concreta: es Vida en Cristo, es persona en el Espíritu Santo, es historia en la Iglesia. Es «todo en todos» Porque en su vida Cristo nos revela el Amor de Dios. Porque el Espíritu, Tercera Persona de la Trinidad; procede del Amor entre el Padre y el Hijo, y es ese Amor. Porque en la Iglesia el Amor se ha convertido en motor de la historia.

Este mensaje del Amor hemos dicho que es el mensaje de la Iglesia, su misión. Que Dios es Amor; que el Amor no es imposible, que la historia, a pesar de los pesares, va camino de Dios, del Amor.

Pero antes debemos levantar la hipoteca que recae sobre la Iglesia alienadora, paralizante, responsable del letargo de la justicia en el mundo.

Mas ¿cómo hacerlo? ¿Por la violencia? ¿Destruyendo? ¿Impugnando? No me parece. La labor de la Iglesia, incluso frente al mal, es de construir, de sembrar el bien. Puede parecer utópico esto que digo, pero hace 19 siglos la pequeña Iglesia conquistó al «poderoso imperio» por el Amor.

Para Toynbee la Iglesia Cristiana ha sido «crisálida» de tres civilizaciones: la occidental, la ortodoxa griega y la rusa. Esta «maternidad» es el signo de que la Iglesia se encarnó, y no es, en sí, un signo malo. Pero incluso llega a decir el citado autor que en realidad las civilizaciones son como preludio de las Iglesias. Llega a decir que la plenitud de la sociedad helénica solo fue alcanzada en la Iglesia Cristiana. La Iglesia no sería medio sino el fin de todo el movimiento de la Historia.

Sin decidirnos a adoptar tal cual, estas tesis, se debe señalar que la Iglesia, «conquistadora ella del imperio» mientras fue pobre se dejó conquistar y vencer por el imperio (aceptando un «status» en el «establishment» y dando lugar al constantinismo). Pero, ¿cómo fue vencida? ¿Por qué? Me respondo: La Iglesia tomó las armas del imperio; su estructura, su impresionante pompa, sus heterodoxos medios y su detestable poder.

Y todavía hoy pagamos las consecuencias: Por eso debemos volver al Evangelio y ver nuestra Iglesia con los ojos de la fe (única manera de contemplar a la Iglesia en su profunda realidad). Así podremos comprender ese plan grande y hermoso que Dios tiene sobre esta tierra y esta Iglesia.

Por primera vez en nuestra historia nacional, una Iglesia abierta al cambio, puede ofrecer a un pueblo la radicalidad, profundad y ex tensión que no le han podido dar las revoluciones, con ser obra de sus mejores hijos.

Y esto ¿por qué? Cien años de lucha han ido despojando a la Iglesia de posiciones, influencias, poderes y riquezas. Hoy nuestra Iglesia está desnuda de todo eso. Porque está «en pañales» y es pequeña, decimos que acaba de nacer: está como su Señor en el pesebre. Este es el signo de que es la Iglesia de Jesucristo: «Y esto les servirá de señal, encontrarán un niño envuelto en pañales y acostado en un pesebre».

Ahora su pobreza capacita a la Iglesia para llevar su mensaje: «de las manos vacías» con las manos vacías: «No tengo ni oro ni plata, lo que tengo esto te doy, levántate y anda». Es decir que todas las luchas, búsquedas y logros humanos, nos dejan con las manos vacías, «que siempre se dará la tragedia del amor no correspondido» (La última noche de Santa Tatiana, citando a Marx). La Iglesia debe decir que solo el Amor «nos llena las manos»... Y que el Amor, el solo, pleno y total Amor, es el revelado por Dios en Cristo.

Por esto la Iglesia no debe temer a la historia. Porque la Iglesia a pesar de sus limitaciones y fallos es la respuesta de Dios a la pregunta de la historia: «¿Cuál es mi sentido?».

TU SENTIDO ES EL AMOR, ha de responder la Iglesia.

Esperamos que a su vez la Iglesia aprenda la lección de la historia: ¡Solo Dios salva! Ella no debe confiar en la fuerza de la ley, la sabiduría o las armas. Ella ha de creer en la fuerza de un Amor pobre y desnudo.

Pero debemos estar conscientes, por fidelidad a la verdad, que la Iglesia ha aportado al mundo y a la historia innumerables beneficios. A la afirmación de un marxista: «La Iglesia no ha cambiado al mundo», podemos responderle sin jactancia, pero con santa alegría: ¿y los hospitales y las universidades, y la enseñanza gratuita general, y el proyecto de un mundo unido y ensamblado en la diversidad de los países y regiones, logro de la Edad Media Cristiana? ¿Y la legión de «hombres nuevos», que son los Santos? No quiero alargar más la lista. El Evangelio sí ha cambiado el mundo, pero no totalmente, y ese totalmente nos queda a nosotros por hacer. Todo lo que hoy hace la sociedad para el bien de los más débiles fue hecho antes por la Iglesia. La Iglesia ha sido en verdad maestra de la historia con su sentido de la dignidad de la persona, de toda persona y de toda la persona. ¿Cuánto no le debe a la Iglesia la utopía de un Marx? Bastaría una comparación entre el mundo romano y mediterráneo del siglo I, su mentalidad, valoraciones y realizaciones humanas concretas, y lo que hoy, busca y realiza la humanidad... Me pregunto, ¿cuánto de lo que se ha avanzado no depende de la Iglesia? ¿Cuánto no tiene origen en Cristo y sus seguidores?

Iglesia y Teología

La verdad fundamental en la Iglesia es el Amor. «La única verdad es amarse», que ha dicho Raúl Follerau. La teología en la Iglesia debe nacer de su propia vida y para su desarrollo. En nuestra Iglesia no hay lugar ni tiempo para bizantinismos.

Pero necesitamos explicarnos, mostrarnos, autocriticarnos. Necesitamos ser fieles a la Vida. Y esto es, en buena parte, labor de la teología. «El conocimiento solo puede ser verdadero en la vida: ésta es auténtica si es integral y total. El conocimiento verdadero o justo no puede obtenerse si no es en la comunión total, por el Amor que nos hace entrar en relaciones orgánicas con todos y con todo. La verdad cristiana no es algo exterior... sino la vida misma de la Iglesia, la manifestación de Dios en ella».

Por lo tanto, la formación de los laicos, sacerdotes y religiosos, la labor misma del Seminario como centro superior de reflexión y estudio, la teología de nuestra Iglesia, debe estar al servicio de la vida de fe y amor de las comunidades.

Cito palabras del Cardenal-arzobispo de París, Mons. Marty; hablando de la teología y los teólogos Mons. Marty. dirá: «...necesitamos elementos pensantes en los diferentes equipos pastorales de base. La reflexión teológica debe hacerse en el corazón mismo de la acción. No de una manera puramente deductiva, sino en una confrontación dialéctica vida-fe».

Por lo tanto es una necesidad, y queda por hacer una teología cubana, que tenga en cuenta nuestra alma y nuestra cultura, nuestra condición de pueblo en revolución, de país del tercer mundo, de miembro vivo de Latinoamérica. Una teología que escuche la voz del Evangelio, en. Cuba: que escuche también la voz de nuestro poetas, novelistas y compositores. Que sepa integrar, como en otro tiempo

Varela, en un solo corazón y una sola mente los dos amores: los hermanos en la Iglesia, el pueblo en la patria... Dios en todos.

Teología del acontecer que ayude a guiar nuestra praxis como Iglesia. Teología que trate de hacer presente en el hoy de nuestra historia, a los hombres de nuestro tiempo, ese Cristo, Señor de la Historia, que habla a cada hombre, a cada pueblo, a cada tiempo.

Teología profética, que sepa descubrir los signos de los tiempos y comprometerse con ellos, y profeta en el sentido que decía el Cardenal Marty: «El profeta es aquel que dice la verdad ante todo un pueblo».

La familia

He dejado este tema para un excursus, porque lo considero de vital importancia y porque precisa una atenta reflexión. He utilizado en la elaboración de estas reflexiones, de manera especial, las conclusiones de la Asamblea Diocesana de Laicos de Oriente (El Cobre, noviembre 22-24, 1974).

Ya se ha hecho clásica la triple misión que Medellín le asigna a la familia latinoamericana: formadora de personas, educadora en la fe, promotora del desarrollo. En Cuba estas tres misiones son efectivamente de importancia capital.

Para que la familia sea verdaderamente formadora de persona debe ser esencialmente un lugar de diálogo e intercambio de los esposos entre sí, padres e hijos, abuelos, etc. Claro, esto es así, cuando el lenguaje como instrumento de comunicación recibe estas dos condiciones: «expresa la intimidad del que habla y se hace entender por quien escucha».

En, otras palabras, las relaciones en la familia han de ser diáfanas, por un amor respetuoso y en ningún modo consentidor. Por lo tanto el diálogo ha de ser el vehículo manifestador de esa vida íntima de amor mutuo. Pero esto no basta. Padres e hijos (nada se diga los abuelos), pertenecen a distintas generaciones, hablan distintos idiomas. Todos deben hacer un esfuerzo de adaptación, de modo especial los padres, que por su edad y situación, pueden ser puente entre las generaciones extremas.

Ya que los tiempos de convivencia común se han reducido (ambos padres trabajan, las actividades de la escuela absorben mucho tiempo, etc.), se debe tratar de conseguir que los tiempos de encuentro sean tiempos fuertes en el cariño, donde todos se sientan queridos y aceptados, «la familia es el oasis, el lugar donde uno se siente bien». Todos los esfuerzos para conseguir esto, serán pocos.

Un análisis de la familia en Cuba, nos mostraría que por desgracia, ha sido una tendencia bastante común hacer dejación de esa función formadora en manos del maestro, los catequistas o los abuelos (antiguamente de los «sirvientes» también). Nunca se insistirá lo suficiente en que el primer papel de los padres es el de formar a los hijos. Nada mejor podrán hacer por Cuba y por la Iglesia que educar a sus hijos dedicándoles tiempo, conversando con ellos, acompañándolos en juegos y diversiones, creando un ambiente de fraterna camaradería.

Es en un marco como este, de educación humana, donde se inscribe el papel de educadores de la fe de sus hijos. Cito a Congar: «En la economía cristiana, el matrimonio es el único caso en que una institución natural es asumida y sacralizada en sí misma y por sí misma, dentro del orden de la gracia... En lo que atañe a la participación de los laicos en la misión evangelizadora, los padres cristianos tienen la suerte excepcional de que su autoridad natural y su responsabilidad apostólica coincidan... haciendo hombres pueden crear discípulos. Las familias son de verdad y literalmente células de la Iglesia».

En un ambiente de amor, comprensión y fidelidad aprenderá «la verdadera religión», que se vive en espíritu y verdad. Por eso los padres no deben desaprovechar ocasión para realizar «la liturgia del hogar», momentos de oración común (un éxito en los exámenes, un cumpleaños, una muerte o enfermedad, etc.). En otra parte de este trabajo hemos dicho que la oración es el mejor modo de personalizar que tiene el cristianismo.

Las motivaciones a partir de la fe han de tenerse muy en cuenta (tener en cuenta el «Dios te castiga», que puede crear en los niños una imagen judicial de Dios), pero motivar al niño con un «eso le agrada al Señor», «Dios está contento contigo», «Dios te ama». Hay que transmitir a los niños la verdadera imagen de Jesús «que quiere que los niños se acerque a Él».

Sé bien la magnífica influencia que pueden ejercer los padres cristianos sobre los pequeños amigos de sus hijos. Cuánto amor pueden engendrar en sus pequeños corazones que no reciben verdadero cariño en sus hogares. Motivar en sus propios hijos la preocupación misionera (rogar por sus amiguitos que no conocen a Dios; ofrecer pequeños sacrificios en obrar bien, para que nuestra vida no revele más que a Jesús, etc.).

Es incalculable la ayuda y comprensión que pueden brindar los matrimonios cristianos a otros matrimonios amigos (cristianos o no), o a jóvenes parejas de novios. Sé de matrimonios que han sido salvados por intervenciones providenciales de otro matrimonio amigo. Conozco uno de estos matrimonios que en su comunidad, hacen el papel de animadores espirituales de todos los jóvenes de su parroquia y de muchos de los jóvenes del barrio. Hasta el punto que se llama a este hogar cristiano «la sucursal de la parroquia».

Esta estupenda presencia evangelizadora de la familia es una senda magnífica para hacer presente la Iglesia hasta en los lugares más difíciles (barrios y pueblos nuevos, medios campesinos sin iglesias, etc.).

Nuestras «grandes parroquias» deben llegar hasta el hogar. Hay que hacer comunidades de barrio. Hay que sembrarse en el pueblo tanto sacerdotes como laicos. ¡Participar en TODO, es un deber de TODOS!

En un futuro, muy probablemente las madres serán las catequistas de sus hijos. Hay que dar pasos para ir realizando esta «Catequesis del Hogar»; pero hay que tener cuidado en cerrar las catequesis, que son un puente tendido hacia el pueblo. Mientras haya una madre que no sepa o pueda instruir a sus hijos, se deben mantener las catequesis.

Hablando de esta presencia de la Iglesia a través del hogar me parece importante resaltar algo, que no aparecer en este trabajo sería olvido injusto o negligencia irresponsable. Me refiero a nuestro campesinado.

Si alguien en Cuba, en su realidad existencial a lo largo de la historia patria, ha encarnado la categoría de «inocente pisoteado» del siervo inútil que da la vida a sus hermanos, son los campesinos, los «pobres de Yahvéh» por excelencia en la nación.

Durante años la Iglesia ha abandonado al campesinado en Cuba. Salvo raras y honrosas excepciones los sacerdotes solo iban al campo a bautizar, una o dos veces al año, o a misionar cada cinco o diez años. El campesinado no recibía instrucción religiosa, no era formado cristianamente.

Hoy el campesinado ha sido promovido socialmente por una revolución que les ha dado mucho, porque ellos fueron los primeros que la acogieron en las sierras y los campos.

Sin embargo el campesinado no ha dejado de ser la parte más abierta, llana y sencilla de nuestro pueblo: ellos siguen siendo los pobres de corazón por excelencia de la nación.

La Iglesia debe plantearse la evangelización de nuestros guajiros como una meta y una deuda. Meta evangélica («hasta el confín de la tierra», para muchos de nosotros el campo es ¡lo último!), y deuda histórica, porque esto es algo que debió realizarse tiempos ha. Además, el campesinado está verdaderamente preparado, espera desde hace siglos al «buen Dios», del que tienen una rara y especial experiencia en sus vidas (eso he notado en más de un campesino): los Testigos de Jehová han descubierto esto, pienso que, entre otras cosas, a esto hay que atribuirles su eficacia.

Si he dicho todo esto aquí es porque la puerta para la evangelización del campesinado es la familia. El guajiro por razones sociales, económicas, culturales y espirituales, se siente muy vinculado a la familia. Su marco de referencia, su punto de apoyo, su garantía última son «los viejos», los hermanos, los parientes. Hay una tupida red de relaciones en las zonas campesinas (relaciones que sobrepasan las distancias y los status sociales, y se vincula mucho a las personas, a los clanes: «fulanito el hijo de menganito y nieto de zutanito»), estas relaciones deben ser tenidas en cuenta con la evangelización, que a falta de templos materiales, ha de fundar esa Iglesia viva, que encuentra su templo en el cielo o en el techo de guano del bohío familiar.

Nuestra Iglesia de cultos e intelectuales, de élites, no será plenamente «la Iglesia del carpintero», hasta que no siembre en las masas del pueblo, en la gente sencilla y en especial, en nuestros campesinos.

Hoy en Cuba, frente a una sociedad que promueve con todas sus energías el desarrollo nacional (desarrollo industrial, económico, cultural) la Iglesia, en sus miembros, debe ser testigo de ese desarrollo pleno que no se consigue solo con las fuerzas humanas, solo desarrollando materialmente la sociedad. Debe encarnarse y realizar el desarrollo humano-natural, pero debe ser testigo de ese otro desarrollo cristiano-integral, que hace del hombre un hijo de Dios, y le abre a la plenitud de una vida de Amor total a los hombres.

El Equipo

El equipo revela una profunda realidad de la Iglesia: el Espíritu Santo está en todos. La Iglesia es (todos nosotros somos) la obra del Espíritu. También revela el Equipo que la evangelización no tiene «objetos» sino sujetos: evangelizador y evangelizado son personas.

El equipo significa, por lo tanto, tener en cuenta al otro. Es la garantía de nuestra fidelidad al Espíritu, y es garantía de la continuidad de la obra: una obra que se hace en común tiene más probabilidades de continuidad aunque alguno caiga en el camino.

El equipo es vacuna contra el egoísmo: nos ayuda a dejar el «yo» por el «nosotros»; y nos va abriendo a «nosotros» cada vez más amplios. El trabajo en equipo nos supedita a «la obra», a lo realobjetivo, haciéndonos madurar: «...Pues esta organización de lo real se efectúa, como veremos, en la medida en que el «yo» se libera de sí mismo, descubriéndose y se sitúa como una cosa entre otras cosas, un acontecimiento entre los acontecimientos», Jean Piaget.

El equipo es un medio excelente de autocrítica y conocimiento en sí. El «nosce te ipsum» de Sócrates, nunca alcanzó mayores posibilidades. Por eso, el equipo es un «principium sapientiae», un principio de sabiduría.

El equipo es escuela del amor. Porque, más que nunca en el equipo, en el encuentro necesario con el otro, necesito negarme a mí mismo, morir a mi yo, para que reine mi hermano: o mejor, la verdad que está por encima de ambos. Pero bien sabemos que la «gracia lubricante» de un equipo, es el amor. Sin él se funde, se desgasta y se pierde la obra.

Buscando la raíz más profunda del equipo, teológicamente, la encontraremos en la Trinidad, donde —tres realizan los actos salvíficos con una única voluntad salvadora, personalizada de modo diverso. «La perfecta unidad y simplicidad de Dios, la perfecta consubstancialidad de las personas divinas hace que la voluntad sea común al Espíritu, al Padre y al Hijo. No obstante la Escritura les atribuye actos propios, diferentes a cada uno de ellos, y la Escritura no se equivoca» (Congar: *Ensayos sobre el Misterio de la Iglesia*). De ahí el mutuo apoyo de los miembros del equipo: «lo hizo fulano, lo hice yo; yo doy la cara por él». De ahí también la libertad frente al equipo.

De manera particular encontramos que esa raíz del equipo, teológicamente hablando, es la obra del Espíritu Santo. Toda la gracia, la santidad, la fuerza de la Iglesia se halla como concentrada en el Espíritu Santo, su alma increada. Pero el Espíritu Santo se expresa en el alma de los fieles. Congar podrá decir: «En la vida de la Iglesia como en la vida personal de cada uno de nosotros, el Espíritu Santo, agente de lo sobrenatural, habita de forma tan íntima en la criatura que su acción es indiscernible de la acción de dicha criatura». Esto se ve de modo eminente y manifiesto en María; «El cardenal Journet podrá decir: en el momento en que Cristo muere en la Cruz, es la compasión de toda la Iglesia, entendida en el espacio y en el tiempo, la que se condensa y llega a un punto de intensidad supremo en el corazón de la Virgen».

A la luz del equipo, debe comprenderse el papel de las órdenes y familias religiosas en Cuba hoy. Descubrir la motivación del fundador, su intuición profunda y proyectarla y asumirla desde y para nuestra realidad: los jesuitas y el ateísmo, los salesianos y la juventud sin orientación, los carmelitas y la espiritualidad. Es decir, una sana división del trabajo donde reine la complementariedad, la sana diversidad en la necesaria unidad: pero las órdenes religiosas han de convertirse, comunitariamente también no solo en orden a la idea prístina del fundador, sino también a la pobreza sin la cual se hace opaco el testimonio religioso.

Así mirado el equipo, se podría proyectar un equipo sacerdotal de tres o cuatro sacerdotes, en que, rotativamente (contando con que los individuos quieran), uno o dos podrían dar el testimonio de un compromiso laboral estable, mientras los demás se dedican a tiempo completo a la pastoral.

En este sentido el equipo nos obliga a ser realistas. Cuando tratamos otras personas nos damos cuenta que los demás no son como los libros que tengo sobre mi mesa o como el lápiz conque escribo, a los que manipulo y utilizo como quiero. El equipo nos descubre la veracidad de esta frase dicha por un anciano sacerdote belga en su lecho de muerte: «Mientras más envejezco más comprendo que solo una bondad humilde llega al corazón de los hombres».

Este «sentido de lo humano» en el equipo nos plantea una cuestión. La experiencia nos ha hecho ver la dificultad de hacer equipos sacerdotales. Se hacen cambios, se preparan condiciones, y se reúnen tres o cuatro curas en un mismo sitio. Viven tres o cuatro días juntos en ese centro y... ya ¿está hecho el equipo? Sabemos bien que no. Tratamos de crear la sobre estructura, pero la vida no anda creyendo en estructuras. La cosa no camina. ¿Qué hacer?

Quizá fuera conveniente comenzar con poca cosa. Reunirse un día a la semana para conversar, descansar y planificar el trabajo en común; contar experiencias; crear juntos. Pero fundamentalmente hacer equipo de trabajo. Poco a poco esto crea las condiciones para que haya equipo de vida. Lo contrario se da difícilmente.

Este equipo de trabajo es lo que lanza de lleno al mundo al mundo del otro. La obra en común me va abriendo el corazón de un hermano. La vida en común es suficiente para conocernos, pero nos mantiene lo suficientemente a distancia como para no sufrir, de primera y pata, los defectos del otro; para no sentirlo como amenaza a mi privacidad. Una respetuosa distancia que el cariño y el trato progresivo irán haciendo desaparecer, es, en los principios, la garantía de un éxito.

Poco a poco o vamos descubriendo y amando al otro. Pero es importante tener presente, como actitud constante, este hermoso ejemplo que nos ha dado el monje ruso Ambrosio, de quien se han escrito estas palabras:

«Encontraba que toda inquietud humana, aunque poco importante, amerita respeto y simpatía. Tocaba los problemas más variados con la misma atención: se trataba de la gallina enferma de una viejita campesina, de una vocación o del drama de una madre soltera». Se le escuchó a menudo decir: «LOS HOMBRES SUFREN TANTO... DESEO LLEVAR A CADA HOMBRE EN CUALQUIER CIRCUNSTANCIA LA ALEGRÍA BENDITA DE DIOS».

Este deseo de alegrar a los demás con la alegría de Cristo, debe comenzar por los hermanos del equipo. Si no, el equipo en lugar de construir, destruye a las personas.

José Martí

LA IGLESIA NECESITA SER MÁS AUDAZ EN CUBA[2]

Entrevista de la periodista Nora Gámez Torres (ngameztorres@elnuevoherald.com) al sacerdote cubano José Conrado Rodríguez, de visita en la Ciudad de Miami. Viernes 24 de abril del 2015.

Es difícil encontrar una persona que hable con la pasión y autenticidad del sacerdote cubano José Conrado Rodríguez. Promete conversar «a calzón quitado», una frase que le gusta usar con frecuencia. Y lo cumple. No es algo nuevo para un cura que tuvo la valentía de escribirle públicamente a Fidel Castro en el aciago año de 1994 para pedirle que «rectificara el rumbo» y convocara a un diálogo nacional.

En el 2009, interpeló a Raúl Castro para pedirle «audacia» al encarar los cambios necesarios al país y recordarle «la violación constante y no justificable de los Derechos Humanos» en Cuba.

Su activismo y declaraciones críticas le han generado conflictos dentro de la Iglesia y con el gobierno cubano. En una decisión polémica, fue trasladado en el 2013 de la parroquia de Santa Teresita de Jesús, en Santiago de Cuba, donde había predicado por muchos años, hasta Trinidad, un pueblo más «tranquilo» en el centro del país.

Sigue sin embargo dispuesto a opinar sobre los asuntos más espinosos de la realidad cubana. Recientemente conversó con el Nuevo Herald en Miami, antes de partir de regreso hacia Cuba.

---

[2] Entrevista de la periodista Nara Gámez Torres al padre José Conrado Rodríguez, publicada en dos partes en el NUEVO HERALD el 24 y 29 de abril del 2015 .

Recientemente se supo que el Papa Francisco visitará Cuba. Siempre hay una gran esperanza entre los cubanos de que la visita de un Papa pueda traer cambios al país. Y en este caso particular del Papa Francisco, que medió entre Cuba y Estados Unidos para este acercamiento, las expectativas son mayores ¿Qué impacto real puede tener la visita de un Papa a Cuba?

En este momento el pueblo de Cuba necesita empoderamiento, hemos tenido muchos años de dependencia de un estado totalitario. Yo creo que el gobierno cubano no ha renunciado a la voluntad totalitaria, aunque poco a poco ha tenido que ir cediendo porque las circunstancias han ido cambiando. Yo creo que va a servir para que el pueblo cubano—como sucedió con el Papa Juan Pablo, en menor medida con Benedicto XVI—descubra que ellos son los protagonistas. El pueblo cubano se ha acostumbrado a esperar que sean otros los que le resuelvan los problemas.

Por un tiempo muchos cubanos pensaron que EEUU nos iba a resolver los problemas. Muchos otros cubanos pensaron que Rusia nos iba a resolver los problemas; después eran los chinos, luego los venezolanos. No podemos esperar que nadie nos saque las castañas del fuego. Tenemos que aprender que somos nosotros los que tenemos que resolver nuestros problemas. Lógicamente, cuando un pueblo cae en la indefensión en que ha caído el pueblo cubano después de cincuenta y tantos años de un gobierno como el que hemos tenido, es difícil que la gente tenga el valor de decir 'yo soy el responsable, yo tengo que unirme a los demás para lograr lo que sea el bien para todos'. Es difícil, pero por ahí está el futuro y eso es lo que espero que logre el Papa con su visita.

En un gesto inédito, usted ha dirigido varias cartas a los gobernantes cubanos. En la última, dirigida a Raúl Castro, dice que Cuba está 'en un callejón sin salida'. ¿Cree que este acercamiento con los EEUU fue la salida que encontró Raúl Castro? Y, si este fuera el caso ¿cree que es la salida correcta?

Yo creo que este es un buen camino, porque todo aquello que vaya de la guerra a la paz, del odio al respeto, al amor; todo aquello que haga que un pueblo sea capaz de respetar y de hacerse respetar, eso es positivo. Nosotros elegimos el camino de la violencia, yo lo decía en mi carta a Fidel Castro, y es el camino equivocado. Hicimos mucho daño pero el mayor daño nos lo hicimos a nosotros mismos. Por eso le decía en la carta a Fidel que 'todos somos responsables pero nadie lo es en mayor medida que usted y nadie tiene las posibilidades de cambiar las reglas del juego como usted; si lo hace los que están en contra de usted, estarán de acuerdo porque estará haciendo lo que todo el mundo le está pidiendo', que es lograr ese ámbito, esa posibilidad de que cada cubano pueda pensar con su propia cabeza, decidir con su propio corazón y respetar a los demás en un clima de libertad y justicia. A eso es a lo que hay que aspirar.

En esa carta se refiere también a la situación de derechos humanos en la isla. ¿En que situación se encuentra este tema? ¿Nota alguna mejoría?

No, en este momento todavía no la noto. No estoy cerrado a reconocerlo cuando empiece a haber los cambios que el pueblo de Cuba necesita. Sí noto que ha habido un cambio en el lenguaje y ya eso es un adelanto. Ese ambiente de insulto, contra los yanquis o contra lo que sea…El día que haya un cambio real, que no solo sea del lenguaje sino de las actitudes y del derecho que tiene todo hombre de hablar sin hipocresía —así definía José Martí la libertad—, ese día yo, ciertamente, como le dije a Raúl Castro, el primero que va a estar al lado suyo para ayudarlo soy yo.

Y la Iglesia, ¿estuvo al lado suyo cuando mandó usted esa carta? Se ha criticado a la Iglesia Católica por no apoyar tanto a personas como usted que son más críticas o quieren hacer una labor más cívica o política. ¿Sintió que la Iglesia lo apoyó?

La Iglesia me formó, soy un hombre de Iglesia. No tengo pretensiones políticas, no tengo ambiciones de ningún tipo. Yo soy feliz siendo sacerdote, ayudando a la gente. Precisamente porque quiero ser un hombre de Dios y quiero ser un hombre de pueblo —porque no se puede ser una cosa o la otra—, no puedo pasar de largo frente al sufrimiento de mi pueblo, frente a las injusticias que yo veo evitables. Decía Dante que el círculo noveno, el más grave de los círculos del infierno estaba reservado para aquellos que en tiempo de crisis se cruzaron de brazos y cerraron la boca. Y yo a ese círculo del infierno no quiero ir, yo quiero ir al cielo.

No puedo pasar de largo. Ser cristiano para mí es ser así, como el buen samaritano. La Iglesia me educó, yo llevó en mí los genes de [los arzobispos de Santiago de Cuba] Pedro Meurice, de [Enrique] Pérez Serantes, entonces decir que la Iglesia me dejó solo, no, la Iglesia estaba conmigo. La Iglesia era yo. Y lo mejor de la Iglesia se hace presente cuando un cristiano, sacerdote u obispo es capaz de solidarizarse con el dolor de un pueblo y no dejar pasar la oportunidad de defender al que está caído.

La Iglesia ha participado en procesos de mediación con el gobierno y ha mejorado su relación con el Estado. ¿Cree que la Iglesia Católica y su jerarquía tendrían que jugar un papel más activo en la sociedad civil en Cuba?

Por supuesto, esa es la misión de la Iglesia, no es la única. La Iglesia no está realizando una labor para los ángeles, ellos están en el cielo. Estamos en esta tierra, donde la gente lucha, sufre, peca, necesita de la ayuda de los demás; y la Iglesia es, en la medida que sirve al ser humano de carne y hueso. El Papa Francisco lo tiene muy claro, y ha sido muy audaz al tomar este paso, a pesar de que lo puedan criticar.

Yo estoy de acuerdo en que esto es lo que hay que hacer. La Iglesia católica lo ha intentado hacer de muchas maneras y lo sigue intentando. A veces fuera de Cuba, en el caso concreto de la comunidad cubana del exilio, que no saben todo lo que hace la Iglesia, se ha juzgado con dureza y con injusticia a la Iglesia cubana; pero creo que la Iglesia necesita ser más audaz. Nosotros no podemos defendernos nosotros mismos: Dios nos defiende. No podemos gastarnos en promover la institución porque la institución está en función del reino de Dios y el reino de Dios es la justicia y el bien de los hombres. Si la Iglesia pierde este norte pierde su esencia. A veces nos hemos dejado llevar por el miedo que todo el mundo tiene en Cuba. Yo también, porque hay que decir la verdad.

¿A qué le tiene usted miedo?
El miedo que genera un régimen totalitario no es definido, es un miedo que provoca una angustia que paraliza, porque ni siquiera puedes definir exactamente a qué le tienes miedo ¿Qué nos pueden hacer? ¿Nos pueden quitar la vida? ¿Nos pueden quitar la honra, en el sentido de hablar mal de nosotros, hacer campañas de difamación? Eso lo hacen continuamente. Por lo menos a mí me lo hacen, y el trabajo mío es el triple de difícil porque se encargan de sembrar cizaña dondequiera que voy. Yo me doy cuenta después del miedo, de la desconfianza que la gente tiene cuando me acerco a ellos. Bueno, sí, ¿y qué? Al final se impone que la gente cuando te mira descubre que tú no tienes segundas intenciones, que tú no dices mentiras, eso es más fuerte que todas las mentiras que puedan decir de uno...

¿Usted ha tenido oportunidad de explicar cuál es su labor y que no tiene segundas intenciones a miembros del gobierno?
La última vez que tuve una conversación de ese tipo, a calzón quitado, fue con una funcionaria de Santiago de Cuba y con el primer secretario del Partido [Comunista] de Palma Soriano, cuando yo era párroco [allí].

En el momento más difícil del Período Especial, cuando mis feligreses enflaquecían de sábado a sábado y se me murieron personas como Sondra Miranda, una niña de siete años porque no había medicina para la diabetes que padecía, el agobio que sentía no te lo puedes imaginar. En esa situación yo salgo fuera de Cuba y le planteo esa situación a un amigo mío, que reunió a directivos de varias compañías y decidieron dar un millón de dólares a la archidiócesis de Santiago de Cuba. Fui a hablar con el cardenal arzobispo de Nueva York para que nos ayudara a que las medicinas salieran de este país. Él habló con [George] Bush padre, y el presidente de EEUU autorizó que saliera un millón de dólares de ayuda a Cuba a través de la Iglesia.

Regresé a Cuba con la buena noticia para mi obispo y presentamos el asunto al gobierno. El gobierno cubano no dejó que entraran las medicinas. Fueron a visitarme a la parroquia de Palma Soriano y yo les dije 'han negado la entrada de esas medicina que salvarían a miles de personas, aunque salvaran a uno solo, ¡es un millón de dólares en medicinas!' La del Partido provincial en Santiago, que atendía las cosas de la Iglesia, dijo algo así como 'bueno, es que la Iglesia se quiere ganar galones frente al pueblo'. Le dije, 'usted sabe bien que eso lo hace el gobierno pero usted conoce bien a Pedro Meurice, sabe que está mintiendo descaradamente al decir eso'. Se quedó callada. Esa fue la última vez que me visitaron.

HAY UNA CRISIS DE ESPIRITUALIDAD EN CUBA[3]
Padre José Conrado Rodríguez

Segunda parte de la entrevista de la periodista Nora Gámez Torres para el Nuevo Herald.

Si de algo se enorgullece el padre José Conrado Rodíguez es de ser un hombre humilde («trato de vivir como vive el pueblo»). Quienes lo conocen dan fe de ello. Parte de su sueldo lo emplea en apoyar un programa que da de comer a niños desfavorecidos en su parroquia.

Recientemente vino a Miami para bautizar a Pablo, un muchacho de 16 años, enfermo de cáncer, a quien ayudó a salir de Cuba para que recibiera tratamiento en Estados Unidos. «Eso es lo que me hace sentir realizado», afirma con una sonrisa.

En la primera parte de esta entrevista exclusiva, el sacerdote cubano habló sobre la visita del Papa, el rol de la Iglesia en Cuba y el miedo que siente dentro de la isla. Durante la segunda parte de la conversación, abunda en lo que describe como una «crisis espiritual». En más de una ocasión sus palabras se cargan de emoción. «Yo creo que un hombre vale lo que vale su corazón», dice y agrega rápidamente: «la frase no es mía es de un amigo que ya está en el cielo. O tú sientes que los demás son importantes para ti, o no tienes rumbo en la vida».

---

[3] Segunda parte de la entrevista al padre José Conrado Rodríguez por la periodista Nora Gámez Torres (ngameztorres@elnuevoherald.com), publicada en EL NUEVO HERALD el 29 de abril del 2015.

¿Los cubanos que van hoy a su iglesia, qué están buscando?

Yo espero que estén buscando a Dios porque es lo único que podemos dar. La gente busca la verdad, algo que sea real, que les de vida.

¿Tiene militantes del Partido dentro de sus feligreses?

Sí, por supuesto. Al principio, algunos se levantaban cuando decía algo en la homilía un poco fuerte; ya no se van (y suelta una carcajada). Los que abundan son gente muy humilde y gente que no ha tenido nada que ver con el poder.

¿Ha aumentado la membresía en la Iglesia últimamente?

Acabo de hacer 18 bancos nuevos para mi iglesia, no siempre se llenan, pero sí, creo que en general está aumentando, no como yo quisiera. En mi caso, sí hay una guerra sorda. Nosotros estamos tratando de darles comida a niños que viven lejos de la escuela, en dos pueblecitos y hemos tenido problemas por esto. Nos critican, han ido a convencer a la gente que no envíen a los niños. Nosotros no les enseñamos catecismo, les damos el almuerzo, les tenemos unos catrecitos para que duerman las siestas, los enseñamos a comer. En Cuba se han cerrado muchas escuelas rurales, por la pobreza del país, y ha decrecido el número de niños.

Esto que está contando habla de un Estado que no está dispuesto todavía a descentralizar y a perder control. ¿Ve que pueda haber algún tipo de apertura política en el futuro?

Es uno de los grandes retos que tiene el gobierno cubano. En Cuba, no es solo que haya resolver el problema económico—y hay que resolverlo porque si no, nos vamos a morir de hambre. Espero que el gobierno comprenda que es precisamente abriéndose a la participación, creando ese clima de respeto al diferente y de pedir la ayuda de todo el mundo—no con esa voluntad totalitaria sino con voluntad de democratización, de participación real de la gente en su futuro—que nosotros podremos salvar a Cuba.

En Palma Soriano hay un activismo bastante fuerte de la Unión Patriótica de Cuba.

¿Cree que estas organizaciones opositoras tienen arraigo en el pueblo?

Grupúsculo, ¿qué es? A veces un pequeño grupo de personas cambian la historia porque en un momento determinado encarnan una verdad, una justicia necesaria en ese momento. No es el número lo que determina, es la razón que tienen en la labor que realizan. Muchas veces los intereses propios se hacen presentes en esas luchas que debieran ser desinteresadas, pero eso ocurre en todas partes. Yo sí noto un crecimiento de grupos. Por primera vez, noto que hay una voluntad de coordinación, de diálogo. El problema grave de Cuba siempre ha sido que todos queremos ser generales y no soldados, hay gente que nunca entra en un «nosotros»: al final se quedan solos.

¿Ve a alguien que pudiera ser un líder en el futuro político de Cuba?

No uno, son varios. Hay mucha gente también que tiene preparación, voluntad, pero que se cuidan, que hoy no están en estos grupos que ya existen pero son una reserva.

¿Se podrían encontrar incluso dentro del gobierno actual?

Yo creo que el gobierno de Cuba va estar compuesto por personas que también formaron parte del gobierno y yo espero que así sea, porque barrer con todo el mundo, eso no es bueno. Hay gente buena en el Partido Comunista, no sé cuántos, pero los hay. Cuba necesita de todos sus hijos y tenemos que aprender la tolerancia de aceptar al otro como diferente y la grandeza de perdonar al que se equivocó. La patria es de todos, no de uno o de dos, o de un grupito.

¿Cuál es el principal dilema que enfrentan los cubanos que van a su iglesia y aquellos que viven en los pueblos que usted atiende?

Hay una crisis muy grande de espiritualidad. Se manifiesta de modo diferente en los pueblos y en la ciudad. Trinidad es una ciudad rica, donde hay más de mil familias que alquilan en moneda fuerte, más de cien paladares. Esto genera trabajo, es una ciudad próspera donde ves todas las casas pintadas, a diferencia de otros lugares. Sin embargo, yo noto que la gente todavía tiene mucho miedo y se aferra a lo material, porque a veces cuando hay gran escasez, la gente vende su alma al diablo. Está el afán de poseer y no compartir. Por otra parte, hay tanta pobreza...

¿Cree que el gobierno debería diseñar una estrategia para combatir la pobreza como una prioridad?

Por supuesto. Con la ayuda de la Iglesia y todos los demás cubanos. No creo que la Iglesia es la coprotagonista del gobierno. El gobierno tiene que aprender que cada cubano tiene derecho a luchar y a la posibilidad de hacerlo por sí mismo. Si tú no empoderas a la gente para que el individuo sea realmente responsable, estás perdido, porque no puedes responder a tanta demanda.

Hay mucha especulación sobre quién va a suceder al cardenal Jaime Ortega ¿Quién sería la mejor persona para encarnar ese ideal que usted defiende y estar al frente de la Iglesia cubana?

Yo tengo mi candidato, para suceder a Jaime, que yo me imagino será pronto, pero no lo puedo decir porque me voy a buscar problemas con otros amigos.

¿Qué cualidades deben tener quienes estén al frente de la Iglesia católica cubana?

Ser de Dios, eso es lo fundamental. Que sean hombres de Dios, piadosos, sin eso no hay nada que hacer.

¿Qué es lo más ha difícil que ha enfrentado como sacerdote en Cuba?

Esa es una pregunta muy buena pero muy difícil de responder. A mí me golpea mucho la dureza del corazón. Es una especie de desconfianza, de escepticismo, la intolerancia, es como una hidra de muchas cabezas. Ser cura en Cuba es muy difícil, porque hay mucha gente que no cree en nada ni en nadie.

Muchas veces uno carga con el sufrimiento del pueblo y uno también se deprime. Por mi carácter yo soy muy optimista, y esa es una característica del pueblo cubano. Nosotros creemos en el futuro. Por malo que nos vaya el hoy, sabemos que va a haber un mañana; pero cuando uno lucha y lucha y no ve resultados, o tratas de hacer el bien y te hacen el mal, te traicionan, te difaman...las mismas personas por las que tú estarías dispuesto a morir...

Y, a veces, el cansancio, también. Por supuesto, lo que más me ha golpeado es cuando he encontrado la incomprensión, la sospecha o la indiferencia dentro de la misma Iglesia. Cuando son tus hermanos, eso sí que duele.

P. José Conrado Rodríguez, Cambridge, 2004

UN RETO PARA LA IGLESIA
(Entrevista con Jorge Salcedo, Cambridge, publicada en
ENCUENTRO EN LA RED el 4 de junio de 2004)

«Adondequiera que va el Papa, realiza actividades muy importantes. Pero ninguna lo es tanto como la celebración de la misa. Yo también quiero celebrar la misa con ustedes». Son las 9:15 p.m Sobre la mesa de la sala, el padre José Conrado ha dispuesto el pan y el vino como lo hará habitualmente en su parroquia santiaguera de Santa Teresita de Jesús. La habitación está repleta y algunos han decidido tomar asiento en el piso. Hay un senador a mis pies. También hay periodistas, académicos, jueces, comerciantes, estudiantes y unos cuantos anónimos parroquianos de Cambridge —católicos, protestantes, judíos, agnósticos y ateos— que hemos venido a esta cena que se celebra en su honor. «Sea breve, padre», ruega la anfitriona. «La misa dura lo que dura la misa», responde él.

A las 11 de la noche consigo su atención. Su estilo llano y alegre —«Alegre es mi segundo apellido»— facilita el intercambio. Mañana, a primera hora, tendrá lugar esta entrevista.

Tras la visita del Papa en 1998, aumentó el número de cubanos que se acercó a la Iglesia Católica. ¿Fue éste un fenómeno momentáneo o ha sido un proceso sostenido?

Inmediatamente después de la visita del Papa, sí se notó el aumento de personas que iban a la iglesia. También hubo una mayor receptividad de la gente a la labor realizada por la Iglesia en la preparación de la visita, que fue realmente extraordinaria. Pero en el pueblo de Cuba hay como un cansancio, un cansancio que alcanza inclusive a comunidades de creyentes muy vivas, a personas muy comprometidas, muy fieles, que han sido fieles en las circunstancias más difíciles. Y todavía hay miedo. Y estos dos factores, más 45 años de ateísmo militante, han creado en muchas personas una falta de fe, de no creer en nada ni en nadie.

A veces no es ausencia de fe religiosa, sino ausencia de fe. Ausencia de esperanza, algo que afecta psicológicamente. Para muchos, la única esperanza es irse del país; cosa que a mí me entristece mucho porque, de hecho, Cuba está sufriendo una sangría enorme. La gente joven, mucha gente valiosa, se va del país porque no encuentra futuro en Cuba, piensa que en Cuba no hay futuro, y por lo tanto se va. No encuentran solución para sus problemas económicos, no encuentran solución para sus problemas espirituales, se sienten presionados, se sienten frustrados. Cuba es un país que tiene un techo muy bajo.

¿Cuál es el papel social de la Iglesia en la Cuba de 2004?

La Iglesia cada vez gana más conciencia de esa responsabilidad que tiene de, en una situación de tanta miseria, de tanta carencia, ser un canal para ayudar a la gente a resolver sus problemas. Te voy a hablar de mi parroquia. En mi parroquia tenemos un grupo de atención a los niños —siempre digo niños, aunque algunos tienen 30 ó 40 años— con síndrome de Down. Es un grupo de alrededor de 40 niños. Ayudamos a las familias a entender cómo cuidar a sus hijos, a planear actividades, como, por ejemplo, cantar, de modo que los niños puedan socializar. También trabajamos con los niños incapacitados físicos.

Tenemos un grupo de alcohólicos anónimos. Tenemos alrededor de 400 ancianos a los que ayudamos cuando podemos; a veces les llevamos jabón, a veces les llevamos leche en polvo, o algo de ropa si la conseguimos, porque tenemos también un grupo de señoras que se dedican a hacer batas de casa y pijamas para los ancianos enfermos, sobre todo aquellos que están en la mayor necesidad.

Desde hace dos años, gracias también a la ayuda de nuestros hermanos del exilio, hemos podido mantener un ajiaco. Tenemos una sola olla, un sólo fogón. Tratamos de que ese ajiaco tenga carne de cerdo o carne de ovejo, viandas, verduras, espinacas, en fin... tratamos de hacer un ajiaco sustancioso, y se lo damos a unas 300 personas. Cada día lo reciben 100 ancianos, de modo que cada uno lo recibe dos veces a la semana

Pero la Iglesia Católica es, prácticamente, la única organización independiente de la sociedad civil cubana con una presencia institucional. Más allá de su labor esencial evangelizadora y asistencial, ¿cómo asume la Iglesia esta posición única en la sociedad cubana?

La Iglesia, a lo largo de los últimos años, ha ido creciendo también en la conciencia de su papel como maestra, en el sentido de fuente de sensibilización, de formación humana, de formación cívica. Quizás el caso paradigmático sea el del Centro Cívico Religioso de Pinar del Río. Pero esto de alguna manera también está haciéndose en las otras diócesis.

La Iglesia realiza una labor de iluminación de las conciencias. Lo hacemos, por supuesto, en las homilías de los domingos, pero también se ha promovido la presencia de la Iglesia en el mundo de la prensa. Una prensa realizada con medios muy humildes, revistas, algunas con la calidad de Vitral, otras más modestas; pero, ciertamente, la Iglesia está consciente de que en este sentido tiene una misión que realizar.

Las semanas sociales, que se hacen todos los años; las semanas de estudios históricos, que se hacen cada dos años; congresos que se realizan con temas específicos, como el tema de Dios en la sociedad o el tema de la familia. El congreso sobre la familia se celebró recientemente en La Habana, anteriormente en Holguín. Todo esto nos muestra que la Iglesia está preocupada por la situación del país y está comprometida en ayudar a la gente a asumir sus responsabilidades y a formarse para hacer frente a esas responsabilidades. Por lo tanto, la Iglesia, cada vez más tiene una presencia en el mundo de la cultura, en el mundo de la familia, en el mundo de la sociedad.

¿Cae la defensa de los derechos humanos dentro de la misión social de la Iglesia?

Por supuesto. La única voz que se ha levantado aquí para defender a los prisioneros de conciencia, me decía la esposa de uno de los 75 encarcelados hace un año, ha sido la de la Iglesia Católica. Y no sólo eso. Estas personas están recibiendo ayuda continua de la Iglesia. Usted sabe que se ha puesto a los presos muy lejos de sus hogares. Las familias tienen que trasladarse en viajes de mil kilómetros, a veces más, desde Guantánamo a Pinar del Río, desde La Habana a Santiago de Cuba, y la Iglesia ha dado alojamiento, apoyo, a veces para trasladar a estas familias, ayudarlos con comida, en fin...

Y la esposa de este prisionero, que para en mi casa cuando va a ver a su esposo, que está en Guantánamo —ella vive en La Habana—, me decía: 'la única institución en el país que nos ayuda es la Iglesia'. Nosotros sentimos que tenemos esta responsabilidad. Pero la Iglesia no sólo trabaja con los presos de conciencia. Tenemos un trabajo muy fuerte con los presos comunes.

En mi parroquia, por ejemplo, tenemos un programa de atención para las ex presas, personas que salen de la cárcel con muchas heridas. Las ayudamos psicológicamente. Tenemos un centro para que aprendan computación, para que aprendan cómo defenderse en la vida. Y tenemos un programa para que estas personas que no encuentran trabajo al salir de la cárcel —en su mayoría madres de familia que no tienen cómo mantener a sus hijos— puedan hacer trabajos manuales, peluquería y cosas así, en los locales de la Iglesia, tener un trabajo honrado, rehacer sus vidas.

La Iglesia Católica ha tenido una vocación mediadora en los conflictos sociales. Usted, personalmente, solicitó al gobernante cubano un diálogo nacional en 1994. ¿Quiere y puede la Iglesia jugar este papel mediador entre las partes encontradas de la nación cubana?

Esta voluntad de la Iglesia, en cuanto al diálogo nacional, está expresada desde hace no menos de veinte años. Desde las primeras cartas pastorales que se hicieron a raíz del año setenta, que fue la primera, una y otra vez, sobre todo a medida que se ha ido agravando la situación de la convivencia social, del respeto a las libertades, y al mismo tiempo creciendo la conciencia —por lo menos en una parte de la población cubana—, de que ellos necesitan un espacio social y político, que ellos quieren ser protagonistas de sus vidas, como dijera el Papa cuando estuvo en Cuba, que ellos quieren vivir siendo ellos mismos, no que les digan lo que tienen que hacer, lo que tienen que pensar...

La Iglesia ha expresado su voluntad muy clara de ayudar y de mediar en un diálogo nacional. Pudiera parecer un poco arrogante decirlo, pero creo que para todo el mundo está claro que la Iglesia Católica es la institución más preparada para ayudar en este sentido. El problema en Cuba es que una parte de los grupos implicados en la situación, y me refiero claramente al gobierno, no quiere el diálogo, no acepta el diálogo.

En Cuba vivimos bajo el signo del monólogo. Por lo tanto, la Iglesia, aunque tiene esta voluntad e insistentemente ha invitado al diálogo, ha encontrado la callada por respuesta. Hay un dicho que dice que dos no se fajan si uno no quiere. Lo mismo sirve para el diálogo. Dos no dialogan si uno no quiere. Yo diría que hay un paso más allá de este diálogo nacional, y es: ¿qué pasaría si la Iglesia iniciara un diálogo entre los grupos políticos, religiosos, culturales, fraternales, que no pasara por el gobierno?

Y cuando digo grupos, no sólo hablo de cubanos que están dentro de la Isla, sino también de cubanos que están en el exilio. Esto sería un reto para la Iglesia. Porque el gobierno lo podría interpretar como una agresión a su poder absoluto. En realidad, cuando uno va al diálogo, precisamente porque va al diálogo, renuncia a la fuerza, no agrede. Los que agreden son aquellos que no permiten que los problemas se solucionen con el concurso de todas las partes.

La reacción oficial a ese diálogo vendría, me parece, en forma de acusación: «La Iglesia se está metiendo en política».

La Iglesia es una parte de la sociedad, porque somos parte de la sociedad cubana, una parte cualificada de la sociedad, porque está estructuralmente organizada dentro y fuera del país, una parte que tiene una larga presencia en la vida nacional, desde hace cinco siglos, los cinco siglos de historia del pueblo cubano, y con una participación en ella muy concreta.

Cuando uno piensa, por ejemplo, en la labor que realizó Enrique Pérez Serantes a raíz del asalto al cuartel Moncada, cuando con su intervención salvó la vida de los sobrevivientes del asalto, uno dice, bueno, ciertamente, esto es algo muy en la esencia misma de lo que es la labor social de la Iglesia. Y esto no significa que la Iglesia se meta en política, porque lo que está en juego aquí es más que la política, que es sólo un sector de la vida social; lo que está en juego aquí es la vida misma, la vida en dignidad.

Pero enfoquemos el diálogo nacional desde la oficialidad. Si yo tengo el poder absoluto, si me afectan poco las medidas de presión externa y los moderados actos de rebeldía interna, ¿qué incentivo tengo para dialogar? Concretamente, ¿qué puedo ganar yo en ese diálogo?

Esta pregunta es importante, pero parte de premisas equivocadas. Si planteas el diálogo, su conveniencia o condiciones de posibilidad, desde un poder absoluto, desde los intereses de un poder que sólo pretende auto-perpetuarse, no puedes comprender su exigencia. El diálogo parte de premisas éticas a las que no podemos renunciar. Esas premisas son las de una vida digna, plenamente humana. Es la vida en libertad.

Si algo define la «humanitas», la esencia de lo humano, es la libertad, la capacidad de autodeterminación, de ser responsable de tus actos y de poder hacer con tu vida lo que tú mismo determines. Ese respeto a la libertad propia y ajena es una condición para la paz, como intuyó Benito Juárez al decir «el respeto al derecho ajeno es la paz».

Por eso, el diálogo forma parte esencial de la «vida justa», de la vida que deseo vivir porque es buena. Es una cuestión ética. Cuando el gobierno cubano se niega a dialogar, está traicionando la esencia misma del poder que ostenta, que es servir al bien común de todo el pueblo cubano. Un gobierno que no sirve a los intereses del bien común, que no sirve a los intereses de los ciudadanos que representa y a cuyo servicio está, es un gobierno ilegítimo y deslegitimizado. Porque el gobierno no es un fin en sí mismo, es un medio. Él tiene un fin, servir a la libertad y al bienestar de todos los ciudadanos. Si no lo hace, traiciona su razón de ser.

El gobierno de Cuba debe mirar el diálogo con la sociedad cubana como un imperativo moral. Los distintos grupos, iglesias, asociaciones, individuos, de dentro y de fuera, cuando exigen el diálogo, deben hacerlo como un imperativo moral: al reclamar el diálogo, reivindican su propia dignidad, rescatan su humanidad no respetada y crecen en libertad y responsabilidad.

Con el diálogo, todos ganamos. Incluido el gobierno, aunque pierda ese poder absoluto que lo invalida para servir, porque ese poder que aplasta, que se tiene que imponer no por las razones sino por las acciones, es un poder destructivo. Cuando yo quiero ilustrar la maldad de ese poder, retomo el cuento del rey Midas. El rey Midas todo lo que tocaba lo convertía en oro: una flor, su perro, hasta su propia hija... El oro es valioso, pero no más que una hija que te ama, que te acaricia y puede besarte, hablarte... la maldad de ese poder absoluto está en que destruye la vida, afecta a las conciencias, entristece al ser humano, lo llena de frustración y desesperanza.

Si el gobierno cubano fuera capaz de cambiar hacia una actitud abierta, más respetuosa de sus propios ciudadanos y sus intereses diversos, ganaría en autoridad lo que perdería en poder. Autoridad es poder espiritual, tiene que ver con el respeto y la aceptación libre y voluntaria, tiene que ver con la verdad, con la justicia, con la igualdad, con una sociedad capaz, de fraternidad y libertad, sin miedos y con mayores posibilidades de ser feliz y de hacer felices a las personas.

Dentro de la comunidad exiliada, la Iglesia ha puesto un énfasis particular en la prédica de la reconciliación. ¿Cuál ha sido su experiencia con los cubanos que vivimos fuera de Cuba?

Hablar de reconciliación a los cubanos del exilio puede ser visto de dos maneras, cuando la que habla de reconciliación es la Iglesia. Una, como una pretensión inútil, porque muchos cubanos se sienten en plena comunión con el pueblo cubano en la Isla, y entonces se ofenden si uno les dice que tienen que reconciliarse. 'Estamos reconciliados, ayudamos a nuestras familias, mandamos remesas, ¿cómo nos pide usted reconciliación...?'.

Otra parte dice, 'es imposible reconciliarnos con el gobierno de Cuba, porque ese gobierno ha sido la causa de que nosotros hayamos perdido nuestra patria, nuestros bienes, nuestras vidas, tal y como las queríamos vivir'. Sin embargo, es una realidad que hay una ruptura, hay una situación de división, de oposición, de lucha, de parte de los comunistas cubanos y de parte del exilio.

Por eso el problema pudiéramos plantearlo de esta manera. En Cuba hay una inmensa mayoría silente —yo escribí esto ya hace varios años— y dos minorías vociferantes. La inmensa mayoría silente es el pueblo cubano, la inmensa mayoría del pueblo cubano en la Isla y en el exilio, que quiere encontrar el camino del futuro, que quiere normalizar la situación del país, que quiere lograr una Cuba con todos y para el bien de todos.

Hay dos minorías vociferantes, que son el gobierno de Cuba, y ciertos elementos de Miami que se dedican a sembrar una actitud que ellos piensan que es patrióticamente combativa, pero no se dan cuenta de que en el fondo excitan los peores sentimientos que pueda haber en el corazón del ser humano. Llega el momento en que tiene que surgir una voz diferente, y poco a poco va surgiendo, poco a poco se va manifestando y se va organizando, una voz diferente que realmente logre la aceptación del otro como distinto y diferente.

En el ámbito de las relaciones Cuba-Estados Unidos, la Iglesia ha abogado repetidamente por el levantamiento del embargo. Los críticos de la Iglesia han caracterizado esta posición como un quid pro quo con el gobierno cubano para facilitar la labor de la Iglesia en la Isla...

La Iglesia se ha comprometido tan claramente con la defensa de los derechos humanos en Cuba, que acusarla de querer manipular estas cosas para lograr privilegios no sólo es injusto, sino totalmente falso. La Iglesia se opone al embargo desde el principio de la legalidad. Ningún gobierno debe usar ese acto de fuerza contra un pueblo, porque los que sufren realmente no son los gobernantes, son los pueblos.

Los gobernantes, los que tienen el poder, siguen comiendo, siguen vistiendo, siguen viajando, tienen todas las posibilidades, mientras que la gente vive bajo un sufrimiento realmente espantoso, como es la situación de Cuba. El principio fundamental es no utilizar medidas de fuerza. Sin embargo, no es menos cierto que cuando un pueblo es rehén de un gobierno, de algún modo hay que presionar a ese gobierno. No lo debe hacer una sola nación. Eso debe ser obra de muchas naciones, y siempre con el propósito de buscar una salida, una solución al problema.

En documento de trabajo de 1997, los presbíteros de Oriente diagnosticaron a la sociedad cubana con el síndrome de la indefensión aprendida, un caso extremo de postración social en la que la gente deja de sentirse dueña de su destino. Siete años después, ¿cómo ha evolucionado el paciente?

Las medidas coercitivas, tanto en el plano económico como en el plano político y en el plano del derecho a la información, el clima de represión que se vive dentro de la Isla, es mayor hoy. Por lo tanto, la indefensión se ha agudizado. A mí a veces me da la impresión de que en Cuba vivimos en un estado catatónico. El enfermo catatónico está paralizado, pero en un momento determinado entra en una fase de agitación totalmente descontrolada. Yo creo que ése es el caso de Cuba en estos momentos.

Hay una parálisis social, y esto tiene que ver con la indefensión, con la desesperanza. Porque hay dos maneras de calificar este estado: la indefensión aprendida o la desesperanza inducida. Los dos términos iluminan nuestra realidad desde distintas perspectivas. La situación es de desesperanza inducida porque tiene un propósito, logra un objetivo...

Su prédica de la reconciliación no parece estar reñida con un reconocimiento de la falta de derechos fundamentales en Cuba. ¿Es la suya una posición marginal dentro de la Iglesia?

Si repasaras las humildes páginas de las revistas que mantiene la Iglesia hoy, en prácticamente todas las diócesis, ibas a descubrir que no hay una sola de estas revistas que no haya salido a defender los derechos humanos y a criticar su violación, a veces haciendo referencias muy concretas, otras veces en un lenguaje más abstracto.

Yo nunca me he sentido un francotirador. He estado predicando por años las mismas cosas. Y lo mismo pasa con todos los curas de Cuba. No creo que el mío sea un caso aislado. Tal vez sea un caso que, por circunstancias coyunturales, ha salido a la palestra pública; y quizás ha pesado en esto una cierta conciencia que tengo de la responsabilidad que tenemos como Iglesia con la verdad de lo que está pasando en Cuba.

Hay una propaganda que presenta la vida del cubano como si fuera el ideal de una vida justa, de una sociedad que realiza o está realizando todos los sueños que puede tener una persona. Eso no es verdad. Y el no decirlo, el no hacerlo saber a otros países, a otros pueblos que puedan caer en la misma situación en la que nosotros estamos y no queremos estar, a mí me parece que es una responsabilidad.

¿Cómo se vive la doctrina de Jesús fuera del ámbito de la Iglesia? ¿Se puede llevar una vida cristiana en Cuba fuera de los recintos de la Iglesia?

La vida cristiana no se realiza dentro de los recintos de la Iglesia, porque la vida cristiana es toda la vida. Es el compromiso con el pobre, es la solidaridad con el que sufre, es crear el ambiente de amor en la familia, es el respeto por el otro. Es decir, que uno va a la Iglesia a escuchar la palabra de Dios, a compartir la fe con los hermanos, a recibir de los demás y a dar a los demás las experiencias que uno tiene de la presencia de Dios en su vida. Pero la vida cristiana es la vida.

No hay vida cristiana y vida profana para un cristiano. No hay vida cristiana cuando estoy en la iglesia y vida profana cuando estoy en la calle, o en la casa, en el trabajo, en la escuela. La vida cristiana es vivir de manera diferente a como puede vivir una persona que no tiene fe. Todo eso es la vida cristiana. Y es para eso que Jesucristo vino al mundo, para transformar la existencia de las personas. La vida cristiana se puede vivir en cualquier situación.

Por tres siglos, al comienzo del cristianismo, los cristianos fueron echados a los leones. La legión más grande de mártires y de santos que tiene la Iglesia la hizo bajo la opresión y la persecución del imperio más poderoso de la antigüedad. Por lo tanto, la vida cristiana se puede vivir en cualquier circunstancia. Y en Cuba se está viviendo. Y se está viviendo no sólo en la Iglesia Católica, sino también en otras comunidades hermanas, porque los hermanos de otras comunidades y otras congregaciones cristianas, y también de comunidades judías, están viviendo un compromiso de fe, y están teniendo presente en sus vidas al Dios en que tú y yo creemos.

En abril de 2003 fueron condenados 75 disidentes en Cuba. A usted parece haberle afectado mucho este evento y se ha referido al mismo en dos homilías de mi conocimiento. También realizó un

ayuno a favor de estos activistas e intentó estar presente en sus juicios. ¿A qué se debió su reacción?

Conozco personalmente a seis de estos prisioneros de conciencia. Tres de ellos fueron feligreses míos cuando fui párroco de Palma Soriano. A dos de ellos los conocí desde adolescentes, de jóvenes —son jóvenes todavía, por supuesto—; es decir que, por ocho años, el tiempo que fui párroco de Palma Soriano, pude conocerlos profundamente. A los tres de Palmarito, igual, los conocí siendo párroco en Palma Soriano, y hemos mantenido un profundo vínculo de amistad, de cariño, de admiración profunda de parte mía, porque estos jóvenes, para mí, son una gloria de la patria.

En el Evangelio, cuando se nos habla de la resurrección de Cristo, y en particular en el relato de los discípulos de Emaús, hay una frase que siempre me ha impresionado mucho. Y es cuando Cristo, presente en aquel misterioso compañero de camino, explica las escrituras a los dos discípulos que salieron huyendo de Jerusalén entristecidos, defraudados por la muerte de Jesús, y les dice como resumen de la palabra de Dios: «el Mesías tenía que padecer para entrar a la gloria». Y esto es como un principio de la vida. Hay personas que tienen que entregar su vida para que otros tengan vida.

Y, para mí, estos hombres, estos amigos míos, estos antiguos feligreses, lo que han hecho es eso. Han arriesgado su tranquilidad y la de sus familias, han comprometido su libertad, yo diría que aun sus vidas, para defender un ideal de justicia, de libertad, de paz, de reconciliación. Porque son hombres pacíficos, que jamás utilizaron las armas, que jamás se lanzaron por el camino de la violencia. En este sentido, yo creo que son un ejemplo de la obligación que tenemos todos, jóvenes y adultos, de defender nuestros derechos y el derecho de los demás.

JOSÉ CONRADO: LA LIBERTAD DESDE EL PÚLPITO

—«Hemos vivido en la mentira, engañando y engañándonos. Hemos hecho el mal y ese mal se ha volcado contra nosotros, sobre nosotros. Todos somos responsables, pero nadie lo es en mayor proporción que usted»

(Carta a Fidel Castro, 25 de marzo de 1995).

—«Tengo fe en que la larga noche de la Patria terminará en un amanecer de libertad, justicia y paz, y que ya desde ahora, el espíritu evangélico del perdón y la reconciliación hará posible el mañana que hoy nos parece lejano y difícil»

(Carta de despedida de Palma Soriano, octubre de 1996).

—«..a lo largo y ancho de la Isla, se ha estado juzgando a pacíficos defensores de los derechos humanos (...) No podemos permanecer indiferentes ante esta nueva 'pasión del Señor' (...) Cada cual que ocupe su puesto, al pie de la cruz, acompañando a Cristo, ayudándolo a cargar la cruz, o en el bando de los vociferantes y acusadores, siempre dispuestos a emplear sus violentas espadas. No hay opción. No nos han dejado opción. O con Cristo o contra él»

(Homilía Quinto Domingo de Cuaresma, marzo de 2003).

Carta de Eliseo Alberto, Lichi, en respuesta a la entrevista anterior

Como cubano (casi sinónimo de «pecador») agradezco las palabras del queridísimo padre José Conrado Rodríguez, en entrevista concedida a Jorge Salcedo para Encuentro en la Red. Conozco al padre Conrado desde que él era un sacerdote tan joven que aún tenía cara de monaguillo. Entonces visitaba con frecuencia el portal de mi casa para conversar entre rones y tazas de café sobre sencillitos misterios de la vida: los grillos caritativos de Palma Soriano, las palomas mensajeras de la esperanza, los verdes cocuyos de la fe. Al filo de la medianoche, se iba a pie calle adentro: al alejarse, entre charco y charco de luz, de farol a farol, quedaba flotando en el Vedado el aroma a lavanda de la bondad y la inteligencia. Allí, allá, en La Habana, José nos enseñó a sus amigos descarriados que la sonrisa podía ser una forma esencial de clemencia –y el abrazo, el más profundo ritual del perdón. Me consuela y alegra saber, al leerlo, que sigue siendo el mismo de siempre: un humilde y sabio cubano. Lo saludo desde mi portal, ahora en México, a la espera de su amoroso regaño, de su reconfortante y merecida penitencia. Suerte, hermano. Suerte, padre.

Eliseo Alberto (Lichi)

ENCUENTRO DE SACERDOTES EN EL COBRE

Queridos hermanos:

Quiero hacer constar que el día 30 de abril, día memorable para todos nosotros, y en especial para nuestra hermano Emilito, poco después de enterarme de su nombramiento episcopal, comencé a escribir estas ideas que ahora tengo el gusto de departir con ustedes.

Con Juan de Dios y Tony comparto la experiencia del distanciamiento obligado de los dos años de estudios en Europa. Quizá los tres hayamos sentido de manera diferente el nuevo aterrizaje en nuestra realidad, pero en una cosa al parecer coincidimos: en la impresión de que en el post-ENEC se había perdido buena parte del ritmo logrado durante la REC, por una parte, y que, en otro orden de cosas, en el país, la situación social, cultural y política, había sufrido un cambio profundo y perceptible... una nueva situación que incidía profundamente en lo religioso, un cambio profundo y subterráneo de la mentalidad más que de la practica perceptible y manifiesta. Algo nuevo se movía en el corazón de los cubanos.

Lo que fue intuición rápida, olfato inenarrable y momentáneo, ha ido tomando nombre, y en este momento toma para mí la forma concreta del discurso, de la concienciación y del diálogo. Mi perspectiva es pues, la del cura que regresó con la maleta llena de libros, (y algunas otras cosas, claro) y más aun, con el corazón lleno de ilusiones, a zambullirse de cabeza en las revueltas aguas de su tiempo y de su pueblo, del tiempo de su pueblo. Aquí están mis reflexiones, que sintetizan dos años y medio de rica experiencia sacerdotal y humana.

¿Quién cambia: Cuba o yo?

Todos saben que cuando llegué después de unas desconcertantes e inesperadas vacaciones que solo lograron ponerme de pésimo humor, fui nombrado párroco de Palma y Contramaestre. El obispo me enviaba a «una parroquia tranquila» donde podría continuar haciendo mi síntesis teológica (¡sic!). Pero en el primer viaje que di en el tren, mirando por la ventanilla los pueblos despintados y pobres, ya pude darme cuenta que ni la parroquia era tranquila, ni yo podía quedarme tranquilo con tal parroquia. Quince días después comenzó mi largo peregrinaje por los más de 50 poblados que tengo en ambas parroquias y mi caminar las largas calles de las dos ciudades cabeceras.

Lo primero que me sorprendió fue la acogida. La gente me acogió con cariño, con sorpresa positiva. Me estaban esperando. Nos estuvieron esperando en todos esos años que las circunstancias, sus miedos y los nuestros nos mantuvieron al margen y alejados. 230 000 feligreses esperaban por mí y de momento caí en la cuenta que me necesitaban tanto ellos a mí, como yo a ellos. Ese había sido mi sueño de siempre: ser cura de pueblo. De pronto me di cuenta que lo era: cura del pueblo y para el pueblo.

Candonga fue como mi segunda ordenación

Desde la propia actitud, inspirada por una clara opción positiva en favor del diálogo con todos y a todos los niveles de la REC y el ENEC, confirmado además por mi propio trabajo de grado, dedicado a la posibilidad de diálogo entre los marxistas y los cristianos en Cuba, vine con la ilusión y la esperanza de que ese diálogo fuera posible, en las condiciones que yo mismo había planteado en mi trabajo: diálogo sincero, sin concesiones de principios que afectaran la identidad, de todos los problemas y con todos los interesados (sin dejar a ningún cubano fuera), diálogo en Libertad y sin presiones de los que tenían el poder, diálogo en igualdad y en justicia... etc. En un primer momento el trabajo, extensivo e intensivo, pareció confirmarme en la sana esperanza: los problemas del país necesitaban, para obtener solución, del concurso de todos los cubanos. La perestroika en la Unión Soviética, y el curso de los acontecimientos en los otros países del Este parecían apuntar en la misma dirección. Y las relaciones con los funcionarios del Poder Popular y del Partido, parecían las mejores. Entonces sucedió Candonga.

Todos ustedes conocen los sucesos. Acto de repudio, ataques verbales, detención en plena Misa, todo eso hecho con la venia y consejo del Presidente de los Poderes Populares y del primer secretario del Partido en Palma. Y todos ustedes conocen de la reacción popular... los padres sacando a sus hijos del acto de repudio, la repulsa del pueblo a sus dirigentes locales por lo que estaban haciendo, la desmoralización de estos y como el pueblo rodeo el pequeño puesto de la policía al que me llevaron detenido, después de besarme las manos y darme vuestras elocuentes de afecto y apoyo...

Algo había cambiado en Cuba. Tres años antes, cuando yo salí a estudiar, aquello era impensable, inconcebible. El pueblo no tenía miedo, el sentimiento de la justicia (¡Ese sol del mundo moral!) brillaba en los sencillos, en mis amigos de Candonga, aquellas personas fieles, que estuvieron al margen de la Iglesia por más de 38 años, pero que conservaban su fe y lo que ella representa de amar por la verdad y la justicia.

Todos ustedes conocen el resultado de aquello: el presidente del Poder Popular y el primer secretario del partido removidos de sus cargos y las felicitaciones de las otras Iglesias cristianas, logias masónicas y pueblo en general, contentos de la remoción de aquellos dos pillos... El apoyo popular aun antes de resolverse el caso, fue general y cordial. Candonga fue un síntoma, un termómetro, una escuela. El pueblo había perdido el miedo de tiempos anteriores, luchaba por lo justo y no transigía con la mentira y el abuso. El pueblo manifestaba un aprecio por la fe, una clara conciencia del valor de la misma para sus vidas y de la necesidad que tenían del trabajo de la Iglesia. Había una mayor libertad y un deseo de cambio moral («estamos viviendo como animales, sin Dios y sin ley... ya no hay respeto ni amor entre las personas, en lugar de perseguir a los ladrones y mariguaneros, lo atacan a Ud. que viene a que seamos mejores...» me decían, comentando los sucesos).

Esta conciencia crítica frente a la gestión de las autoridades civiles y políticas, esta búsqueda de sentido espiritual para sus vidas y el deseo de la orientación moral por parte de la Iglesia, este regreso a los valores de la tradición, aparentemente desprestigiados por el cambio social (la fidelidad matrimonial, el respeto a la vida y propiedades ajenas, la honestidad, sinceridad y veracidad de vida, la aceptación del otro como distinto y diferente, al margen de modelos de conducta impuestos o propiciados desde el poder, etc.) todo esto unido a una sana curiosidad y necesidad de lo trascendente, de Dios, eran componentes, en su calidad y abundancia de manifestaciones, de una nueva mentalidad popular, algo que resultaba novedoso en relación con mi experiencia anterior como sacerdote en Cuba. Lo que no quita la supervivencia del cinismo, indiferencia y desprecio de lo religioso en muchos, especialmente jóvenes, al parecer igualmente cerrados a toda dimensión espiritual o ética en sus vidas.

El acuerdo silencioso y unánime...

Por otra parte, el país «es recorrido por un fantasía...» que no es precisamente el del comunismo, sino el del «acuerdo silencioso y unánime de la necesidad de un cambio».

Los de arriba y los de abajo, los intelectuales y la gente más sencilla, particularmente los mismos comunistas, están manifestando la clara conciencia compartida acerca de la incapacidad real existente para proyectar, propiciar o dejar la posibilidad al cambio necesario y urgente que se desea y se exige a todos los niveles.

El posponer la solución, lejos de resolver los problemas, los agiganta. La pérdida de voluntad política es consecuencia de la pérdida del sentido crítico mínimo necesario para proyectar y para buscar otras vías de solución. El marxismo criollo se ha tornado un callejón sin salida para Cuba y los cubanos.

La respuesta a esperar no puede ser otra que la violencia, a menos que la creatividad política y la sensatez ética den lugar al diálogo real y maduro que exigen las circunstancias... Diálogo que supone y exige cesión y concesión de poder... a la doble oposición de izquierda y de derecha que cada vez más se configura y afianza, bien que de manera subterránea, a lo largo y ancho del país. Y no puede ser de otra manera, pues el marxismo ha descendido desde ser un proyecto que se pretendía de promoción integral: económica, social, cultural hasta convertirse en un método para resolver, a duras penas, las necesidades mínimas alimentarias de una población abocada al espectro del hambre... ¡El micro jet, los plátanos, las yucas y los boniatos han pasado a ser la máxima preocupación, no digamos ya de la economía, sino de la política nacional!

Como sacerdotes, servidores del Pueblo y de la Palabra de Dios, de la verdad, la justicia y el amor, no podemos pasar indiferentes frente a un pueblo que está tirado a la orilla del camino, abocado a la desesperanza y al terror. Los responsables políticos de la nación, que callan y endulzan el futuro que ellos mismos han construido con sus errores y fallos, futuro que conocen como terrible y sin salidas, están preparando el último recurso del fracaso: la violencia indiscriminada y represora. Un poder sin autoridad ni justificación ética termina siempre por destruir y matar. La muerte es su última propuesta política para dar respuesta a los problemas que nos aquejan como nación. Como sacerdotes tenemos que ser conscientes de la gravedad de las circunstancias y del papel que nos compete en esta situación límite a la que estamos abocados.

¿Cómo contribuir a la búsqueda de soluciones pacificas? ¿Cómo influir para que los responsables directos, a los distintos niveles, sean capaces de salir del atolladero? ¿Cómo alertar y despertar al pueblo ante la inminencia de un peligro tan cercano y terrible? ¿Esperaremos con los brazos cruzados y en silencio el curso terrible de los acontecimientos?

Si las preguntas anteriores tiene que ver con «la política que se hace» nos cabe preguntarnos acerca de la «política que se debe hacer».

Y lo digo no porque piense que nos toque a nosotros organizar ese campo, al que renunciamos de hecho cuando decidimos escoger «el otro camino...» el que corresponde a «la mejor parte» de María de Betania, sino porque pienso que la política nos metió en el atolladero en el que estamos y también ella debe contribuir a que salgamos de él. Como diré más abajo, si los problemas han dejado de ser solo políticos, para convertirse en crisis de humanidad, del modelo de hombre y de pueblo que queremos ser, si ha llegado a ser crisis de identidad y «crisis de actividad» (esto es, de lo que somos y de lo que estamos haciendo, como personas y como pueblo) la solución a estos problemas no solo se dará en el plano de la política, sino en un plano más profundo todavía, en aquel que nos compete más directamente, en el de la renovación espiritual y moral... Cualquiera que sea nuestra reflexión acerca de este tema no nos puede hacer olvidar su vertiente profunda: la que toca y mira a la conversión del corazón y de la mente, la transformación personal y social, que incluye a la política pero que no se agota en ella.

Y en este mismo orden de cosas, veo como muy importante que distingamos, como nos lo pide con toda sabiduría el Papa, la labor que podemos hacer nosotros y la labor que ciertamente compete a los laicos, como labor específica y propia, esencial a su misma vocación laical. Cada vez más descubro la importancia insustituible del trabajo pastoral al igual que la necesidad del trabajo social y político del laico. El reto se nos brinda cuando intentamos, incluso con la mejor buena voluntad, reducir su labor a la nuestra o asumir nosotros (por «mejor preparados» o «menos presionables») la labor de ellos.

Lanzando una airada hacia el futuro...

Mirando más allá de la tormenta, como pastores despiertos y responsables nosotros no podemos olvidar la responsabilidad que tenemos como cubanos y como cristianos, debemos contar con la influencia histórica que Cuba ha ejercido sobre la América Latina y el Tercer Mundo. Para muchos Cuba ha sido modelo y paradigma; analizar nuestros fallos y fracasos es un deber para con nosotros mismos y para con los domas. Leonardo Boff, en un trabajo ya lejano, había planteado la disyuntiva de los países pobres como un dilema: liberarse y no desarrollarse o escoger el desarrollo y someterse.

Así planteado parecería que no hay otra opción que la tomada en Cuba, si para nosotros, al decir del poeta, «la dignidad del hombre es más alta que el pan, más alta que la gloria, más alta que la propia supervivencia». Pero nuestro planteamiento es otro: ¿se podría aspirar a una independencia de la nación y no de los individuas? ¿Cuál es el precio que se nos pedía por una pretendida independencia respecto de un bloque, en razón de cerrar los ojos a la dependencia respecto del otro, y sin reconocer los altos precios que ha habido que pagar par esa dependencia...?

Lo que no quita la necesidad de una crítica sería al capitalismo, a su «nueva cultura emergente» del poder y del tener. El reto del futuro viene por ahí: cuando la agresiva ideología marxista parece haberse colapsado de manera definitiva tras los sucesos ocurridos en Europa del Este y en la Unión Soviética, la pregunta es: ¿hasta qué punto se puede aceptar como bueno el otro proyecto social y económico sobreviviente, el del capitalismo? Lo cierto es que la crisis cultural del capitalismo es más compleja y menos manifiesta, pero no por eso menos real. Tal y como lo han señalado incluso los epígonos intelectuales del sistema (pensemos en neoconservadores de la talla de un Daniel Bell) la crisis de civilidad, la crisis ética y cultural, que afecta al sistema, nos habla de la necesidad de alternativas, de la necesidad de buscar otros caminos, que tengan en cuenta la existencia y realidad de las multitudes pobres y explotadas que a duras penas tienen lo necesario para sobrevivir, no digamos ya acceder, a las ventajas que ofrece el progreso humano a los que viven en otras latitudes...

De ahí la importancia que tiene la propuesta papal de la Nueva Evangelización, que toma muy en cuenta estas realidades... Desde hace varios años, concretamente desde el año 1980, cuando salí por primera vez, me di cuenta que los cubanos teníamos mucho que aportar a partir de nuestra experiencia peculiar de pueblo del Tercer Mundo, situado políticamente al este, económicamente al sur y culturalmente al norte... y con una población (sobre todo eclesial) tan ricamente experimentada en «los tres mundos»... Esto exigiría una «reflexión» muy seria, una Nueva reflexión nacional (eclesial y extra eclesial) que asumiera y proyectara toda esa experiencia de los cubanos, poniendo en función del futuro y de los verdaderos intereses nacionales (que siempre serán profundamente éticos, –si incluyen a todos y van a la raíz de los problemas– y profundamente «políticos», en el mejor sentido de esta palabra) la riqueza que esa experiencia representa.

El papel de la Iglesia (y de nosotros, sacerdotes) en ese diálogo es importante... no solo en orden al esclarecimiento de las ideas o de los proyectos teóricos, sino en orden a construir un modelo autóctono y equilibrado, o lo que es lo mismo, viable, para resolver nuestros graves problemas éticos, sociales, económicos, políticos... Cuando hablo aquí de construir un «modelo autóctono y equilibrado.., viable» me refiero también a las condiciones objetivas básicas que deben tenerse en cuenta para el futuro y que eran tenidas como «esquemas burgueses desfasados», pero que en realidad son condicionamientos que garantizan el carácter democrático de todo proyecto político: me refiero concretamente a la división de poderes, la libertad de prensa, el pluripartidismo, y un sistema judicial respetuoso de la libertad de los ciudadanos,.. etc.

Si partimos de la realidad de nuestro fracaso, si asumimos sin resentimientos el dolor de estos años, si aprendemos a perdonar y a escucharnos unos a otros, si no caemos una vez más en la tiranía del poder o del dinero, y nos comprometemos a no renunciar al ideal de una sociedad justa y libre, con libertad y con pan, si no renunciamos a la personal responsabilidad que todos tenemos con el bien común, con «la cosa pública», entonces quizá, comenzarán a florecer nuestros rosales.., sobre todo aquella rosa blanca que cultivaba Martí en todas las estaciones del año...

Conclusión

En Cuba todo se ha convertido en política... ¡de la peor! La parálisis que padecemos es en gran parte, obra de la subsumisión por parte de la política de la economía, la sociedad y la cultura. Todo se ha puesto en función de una política, que se presenta como «la política» y que en realidad es la «peor política» pues nos ha llevado al callejón sin salida del miedo, la hipocresía, la irresponsabilidad, la falta de libertad y la inercia (moral y real).

La solución a todos los problemas engendrados exige una conversión evangélica profunda, en primer lugar de los pastores. En Grecia, decía Werner Jaeger, la crisis que siguió a la caída de Pericles, dio lugar no solo a la crisis política de la democracia, sino a la reflexión filosófica encarnada en los nombres de Sócrates, Platón y Aristóteles. Esa reflexión, paradigma espiritual de la humanidad, descubrió que los problemas griegos no eran solo los políticos, sino éticos y espirituales... esto es, que lo que estaba en crisis era el alma griega, el corazón de los hombres y la identidad ética de aquella sociedad. Y se dieron a la tarea de restaurar al hombre desde dentro. Sabemos bien, como también lo ha hecho notar W. Jaeger, que ese pro ceso culminó, con el más formidable y duradero fenómeno cultural de la historia humana: la unión de la fe cristiana y la cultura griega. Ese proceso, aun en curso, ha sido determinante en la nueva cultura emergente, nacida de la planetarización de la cultura cristiana, en su vertiente occidental. La ambigüedad de este proceso no nos puede hacer olvidar su importancia: Juan Pablo II lo ha visto de manera muy clara y todas sus intervenciones, desde su llegada a la sede de Pedro, y su sentido del reto respecto del comienzo del III Milenio de la fe, van en este sentido.

Si como le dijo un funcionario vaticano a un amigo, «Cuba es y será en los próximos años el país más interesante y decisivo en la historia de América Latina» y tal como lo han visto desde Pablo VI en particular los últimos Papas, América Latina es la gran reserva católica en el futuro de la Iglesia, entonces nosotros tenemos que tocar conciencia de la importancia que tiene no solo para nosotros, sino para el resto de la América y de la Iglesia Universal, el reto que estamos confrontando en Cuba. Por eso, a modo de conclusión les propongo algunas ideas que después podrán ser retocadas en nuestro trabajo de equipo.

1.- Debemos reflexionar muy seriamente sobre nuestra experiencia histórica, tal como lo veíamos en el ENEC y lo comenzamos a hacer en la REC: ¿Qué falló y por qué, en nuestra historia más reciente... cuando la revolución dejó de ser «la ilusión de un pueblo» para convertirse en el proyecto de un hombre, o de solo un grupo del pueblo cubano?

2.- ¿Cómo rescatar, hoy y mañana, el ideal de una sociedad justa e igualitaria desde otra praxis sociopolítica y desde otro modelo hermenéutico no-marxista (o no marxista-leninista)... socialista o no?

3.- ¿Qué papel le corresponde jugar a la Iglesia desde la experiencia histórica tenida y sufrida en los últimos 38 años de historia nacional? ¿Cómo evitar los escollos de un materialismo craso, de un individualismo feroz, de una desenfrenada carrera en pos del tener o del placer... que podría desencadenarse al calor de un cambio de paradigma político (de un tipo de socialismo a otro... o del socialismo al capitalismo)?

4.- ¿Cómo continuar la obra positiva de la Revolución (ideal de justicia social, promoción real de los más pobres, educación y salud gratuitas...) superando sus fallos (paternalismo esterilizante, reduccionismo espiritual, dirigismo estatal, estancamiento económico, inaceptables licitaciones a la libertad personal... etc.)?

5.- ¿Qué papel nos toca de cara a la política, y desde nuestra especifica vocación no política, como sacerdotes, ahora y después, si lo hubiera, y nos fuera concedido llegar hasta él...? Desde mi propia experiencia pastoral: de los últimos dos años y medio y desde los casi 15 años de ministerio sacerdotal me hago estas preguntas, que probablemente ustedes se hagan también. El hecho de estar hoy reunidos es una muestra de cuánto nos preocupan esas y a otras preguntas, y de cuánto necesitamos encontrar respuesta para ellas.

CUBA Y EL MUNDO EN EL MOMENTO ACTUAL

Si la Iglesia trató de responder a las expectativas y preocupaciones de sus miembros, y aun del pueblo, con la Reflexión Eclesial Cubana .y, con el Encuentro Nacional (REC y ENEC), hoy nos damos cuenta que las circunstancias han cambiado muy profundamente.

Los cambios ocurridos en el mundo, en especial en aquellas zonas a las que siempre hemos estado más vinculados, (en América Latina los procesos de democratización y la caída del bloque socialista en el Este) evidentemente han repercutido en Cuba. El proceso de cambios en el Este ha sido visto por los que detentan el poder político y los medios de prensa en Cuba, como algo totalmente negativo. Sin embargo, tales hechos tienen a nuestro entender una interpretación diferente. Si bien, es cierto que un solo bloque, con una superpotencia al frente (el bloque occidental liderado por Estados Unidos) pudiera dar lugar a una «Dictadura universal» sobre los países, más pobres del ahora inexistente Segundo mundo y del Tercer mundo, también es cierto que el cese de la guerra fría podría dar lugar a un mundo más pacífico, en que una Organización de las Naciones Unidas, renovada, podría tener un formidable papel mediador en la solución de situaciones y conflictos, un papel impulsor de la justicia y la equidad, lo que tendría como consecuencia un mundo regido por las razones y no por los cañones, esto es, un mundo en diálogo.

Lo que supone un cambio que debe afectar a todos los países grandes y pequeños. Este cambio se podría sintetizar en una frase: «de la confrontación al diálogo». Del enfrentamiento a la colaboración, de la guerra a la paz, del intercambio desigual a un nuevo orden económico internacional, de la independencia autárquica a la interdependencia integradora. Para lograr esto se hace evidente que se han de cambiar los modelos de convivencia internacional. Esto supone también un cambio radical dentro de cada país, hacia una vida más democrática y políticamente abierta a la participación de todos los ciudadanos, pues no se puede pretender un diálogo internacional sin su contrapartida intra nacional.

Los problemas de la nación cubana

De más está decir, queridos hermanos, que el proceso de cambio en el Este ha afectado profundamente la economía y la sociedad cubana, Sentimos como parte de nuestro deber de pastores iluminar estas realidades que hoy afectan profundamente a nuestro pueblo, realidades que están incidiendo también sobre la labor pastoral de los sacerdotes y nos conmueven en nuestra condición de pastores.

En primer lugar queremos referirnos a la grave situación económica, que se refleja en las dificultades cotidianas para resolver y cubrir las más elementales necesidades materiales, desde el alimento hasta las medicinas. La vida se hace particularmente difícil para los ancianos y enfermos, menos capacitados y con menos medios económicos para esta lucha agobiante por la supervivencia cotidiana. El dinero vale cada vez menos, y la carencia de empleos afecta cada vez más, en especial a los jóvenes.

Ante la grave situación económica surge la pregunta acerca de la respuesta que se está dando a la crisis: en un país como el nuestro esa respuesta es fundamentalmente política, dado el peso que, el Estado tiene en un modelo de economía central planificada. Esta última sin embargo, se nos presenta a muchos cubanos como insuficiente e ineficiente. Agrava la situación la carencia por parte del pueblo de los canales adecuados para expresar su opinión y para hacer valer sus propuestas alternativas. La caída del bloque socialista, él mismo aquejado, de profundas crisis, y el aislamiento cada vez mayor de nuestro País en la esfera internacional, hacen más difícil aun la fe que podamos tener una solución política a través de los caminos trillados.

La solución económica oficial: turismo a gran escala, y privatización, no consultada popularmente, de los bienes de la Nación, resultan irritantes y bochornosas para el pueblo, que contempla cómo le es concedido al extranjero, por la tenencia de divisas, lo que le es negado al cubano, como justo producto por su trabajo.

Consecuencia lógica de la situación, es la crisis social, que se manifiesta en el endurecimiento de las posturas políticas, el aumento de la represión que amenaza la pacífica convivencia de los ciudadanos y la militarización del país. Ya los obispos nos referimos a las consecuencias de esta situación cuando hablamos en nuestra carta de junio del 89, de un tipo de persona aquejada de «desaliento, desarraigo y fragilidad» que veíamos surgir en nuestra Patria.

En relación con esta situación, vemos con, alarma y dolor, al igual que ustedes, queridos hermanos, el aumento de la violencia ciudadana (violencia dirigida contra sí mismo, patente en el altísimo índice de suicidios) o contra las otras personas o la propiedad social. El robo, el alcoholismo, la drogadicción, el desenfreno sexual, son síntomas evidentes de enfermedad en nuestra sociedad. A todo esto hay que añadir la exacerbación de los ánimos ante la impotencia proveniente de no lograr solucionar los conflictos personales y sociales. Especialmente doloroso resulta el fenómeno creciente de los jóvenes que se lanzan al mar con medios inadecuados, y con grave riesgo de sus vidas.

La respuesta de la Iglesia

A lo largo de estos años la Iglesia no ha sido insensible al sufrimiento del pueblo. Cuando la austeridad pareció ser el camino necesario para un ulterior progreso, tenía un sentido, Pero ahora estamos frente a una situación desesperada con muy pocas probabilidades de salir de ella, ni a corto ni a largo plazo: Evidentemente, a lo largo de todos estos años, hemos pasado momentos de graves tensiones, momentos a los que la Iglesia respondió a través de la palabra de los pastores, obispos y sacerdotes, dirigidas a los católicos cubanos en los actos de culto, y por el diálogo directo con las autoridades del País.

Por eso, dentro y fuera del País, se nos acusó de guardar silencio cómplice, en relación con sucesos que veíamos con dolor y repulsa, y que de hecho fueron denunciados de la manera referida.

De hecho la Iglesia exhortó a los fieles a colaborar con todo lo justo, noble y bueno que se trató de hacer en nuestra Patria, en especial lo referido al desarrollo económico, a la justicia-social y al bienestar del pueblo. El testimonio dado por nuestros laicos en el estudio, el trabajo y la solidaridad con los más débiles y pobres (piénsese en el trabajo de las religiosas en asilos y hospitales) así lo muestra.

De hecho se proponía para nuestro pueblo un peculiar camino hacia el desarrollo, y aun viendo las insuficiencias y limitaciones del proyecto, la asumimos, dentro del espíritu evangélico de «analizarlo todo y quedarse con lo bueno». En el ENEC fue toda la Iglesia, fieles y pastores, la que dio una opinión y expresó una postura, que aun hoy mantenemos. Esa postura encarna el deseo de una auténtica participación consciente del pueblo en su historia, un mayor ámbito de libertad para todos los cubanos y la actitud real de respeto por las personas y las ideas, que haga posible un «Diálogo Nacional» que incluya a todos. Los cubanos, también a los que viven fuera de nuestras fronteras geográficas.

Salida de la crisis

Mirar la realidad, sus dificultades y problemas, conlleva, queridos hermanos e hijos, pensar en cómo solucionar los problemas y superar las dificultades. Como cristianos sabemos que no hay situación sin solución, porque Dios siempre deja una puerta abierta para la esperanza. Sin embargo, nosotros los hombres a veces cerramos las puertas con nuestra soberbia y empecinamiento. Como pastores del Pueblo de Dios, queremos trasmitirles nuestra confianza en esos caminos de futuro para Cuba. Al mismo tiempo nos parece necesario discernir los caminos que no conllevaría una verdadera solución a nuestros problemas. Nos referiremos, pues, a los verdaderos y falsos caminos para salir de la crisis actual.

«Dios es Dios de vivos» respondió Jesús a los saduceos. Dios da la vida y promueve la vida. Plantear como salida a la crisis la muerte, el holocausto del pueblo, nos parece la más falsa de las soluciones; la no solución por excelencia. Que para defender los ideales o las soluciones de una parte de los cubanos se utilice el casino de la violencia, 'siempre fratricida, nos parece otra forma falsa de buscar la solución. Que nos crucemos de brazos, o que pretendamos resolver de modo individualista los problemas que nos afectan a todos, tomando el camino de los exilios internos o externas, nos parece otro camino equivocado.

Como decía hace tantos años el Padre Varela «...(los cubanos) se piensan salvar solos, sin darse cuenta que todos correrán la suerte que corra la Patria». Hay que responder a la crisis con el compromiso personal y cotidiano, uniendo los propios esfuerzos al de los demás, creando un clima de verdadero respeto al otro, a sus necesidades y a sus ideas. Hay que crear un verdadero espacio al diálogo sincero y sin mentiras y sanando las heridas que la violencia, la falta de fraternidad, la desconfianza y el miedo han causado entre nosotros. Es en la renovación de las conciencias y de los corazones, en la capacitación para el ejercicio responsable de la libertad personal y comunitaria, es en la apertura a la trascendencia de un Dios todopoderoso, capaz de «hacer nuevas todas las cosas» y que se manifiesta en el amor eficaz y consecuente a los hermanos, como encontraremos el camino de la salvación y de la esperanza para Cuba y para todos los cubanos.

La imagen de la Virgen de la Caridad saliendo del Cobre en peregrinación

EL FUTURO, CERCANO DE LA IGLESIA COMO RETO Y COMO RIESGO

Esta reunión, queridos colegas, reviste caracteres especiales que no podemos soslayar. No nos ha reunido la autoridad de ninguna comisión oficial de nuestra Iglesia, ni en torno a ninguno de nuestros pastores. No es una simple reunión de compañeros de curso, como ya sabemos que solemos tener muchos de nosotros, para contarnos nuestras vidas, intercambiar experiencias y fortalecer viejas y confortantes amistades. Hoy nos reúne en este sitio, que guarda para algunos, los recuerdos entrañables de nuestro viejo y primer seminario, y para todos, la presencia maternal y generosa de la Madre común, una preocupación por todos compartida.

¿Qué nos reúne en esta ocasión? La preocupación común por la Patria y por la Iglesia, en una hora particularmente difícil de la una y de la otra. No conviene que nos hagamos ilusiones sobre la gravedad de esta hora. Como no conviene tampoco que el dramatismo de la misma nos vaya a sumir en la depresión o la parálisis. Hemos venido a esclarecer nuestro futuro con una reflexión seria y serena. Hemos venido a fortalecer nuestra acción personal y colectiva con el intercambio sereno y sin tapujos, pues creemos que solo una mirada valiente y directa puede dar razón de la hora que vivimos, de sus riesgos y sus retos para nuestra Iglesia y nuestro pueblo. Nuestra mirada, además, no es la simple mirada del especialista en esto o lo otro (economía, político, sociología, etc.) sino la mirada iluminada por la fe y sostenida por el amor, de un grupo de hombres que no tienen otra pretensión que la de ser pastores de su pueblo, en el caso nuestro, colaboradores de aquellos que lo son en plena propiedad, nuestros obispos.

Negaríamos esa pretensión fundamental de ser lo que somos, colaboradores de nuestros obispos, si nos animara un impulso mal iluminado, que no mal intencionado, de conformar un «magisterio paralelo» o algo por el estilo, que ni está en nuestra intención ni ha sido nunca nuestro modo de hacer o concebir nuestro ministerio acá. Si bien ni se nos ocurre suplantar el papel de los obispos, creemos, con todo derecho, que en sana teología (¡y en sana pastoral!), el Espíritu nos convoca y por nuestra boca también habla, ya que lo hace donde quiere ¡hasta por la burra de Balaam! y porque cuando la fuente es limpia y la intención es recta, la buena agua que de aquí brote servirá para calmar la sed...

Señalados estos «prenotandos» necesarios entro de lleno en el tema que me han confiado. Lo que yo debo introducir es más bien un tema de futurología: modelos alternativos como proyectos posibles de Iglesia, que respondan a la situación analizada en estos días. No es un mero ejercicio de imaginación, sino de «adelantamiento» y previsión que pueda inspirar la acción personal y colectiva. Que palabra (mensaje) y que acción (canales) serán los mejores y más adecuados al momento.

Como después veremos, los modelos no son tan «alternativos» que se excluyan. Se da más bien una integración de posibilidades y matices y el valor del ejercicio, de este juego de memoria e imaginación, pretenderá, en primer punto, prefigurar, prever, abrir fronteras, hacernos dueños de nuestra capacidad de ensoñación... curiosa propiedad humanizante y liberadora. Los modelos «proyectados», son índice de nuestras posibilidades, de nuestras probabilidades, de nuestras responsabilidades y de nuestras futuras decisiones. El proyectar (soñar) se convierte en un ejercicio ético (¿Cuál de los modelos es el «mejor», el deseable, aquel al que no podremos renunciar, el más cercano al evangelio, el que nos está pidiendo Dios?). Pero además en un ejercicio «profético»: porque el profeta es el hombre que sueña un futuro mejor, más humano, «en el que reina Dios». El profeta es el hombre que sabe construir con las piedras rotas del presente, el templo luminoso del mañana mejor. Es por excelencia el hombre de la esperanza.

Pero no de la falsa esperanza. ¡Con cuanta dureza atacó Jeremías a los que se refugiaron en eslóganes falsos... «¡Ah, el templo del Señor!». No hay templo que nos proteja de la mentira o de la cobardía. Hemos de mirarle los ojos a la esfinge si le queremos sacar la verdad: solo enfrentándonos con ella pondremos proa hacia el futuro.

Modelos de Iglesia: ¿Una Iglesia del silencio?

Este modelo existió. Su justificación hay que buscarla en la imposibilidad (al menos así reconocida) de poder hablar... «si no se dice toda la verdad, lo mejor es callar». Y su expresión más dramática, la foto de Mindzenty en el juicio estaliniano, desorbitados los ojos, anormalmente hinchada la faz, y la frase lacónica y parlante: «Con mi silencio, hablo». Ahí el silencio se ha convertido en palabra, porque el martirio se ha convertido en testimonio. Y la sangre tiene una fuerza decidora que nadie le va a discutir. El «pero Jesús callaba» de la Pasión se convierte en fundamentación bíblica de esta postura.

Desde los primeros tiempos el «silencio» de la Iglesia cubana fue muy cuestionado: de ahí la frase de que aquí no había tanto una «Iglesia del silencio» cuanto un «silencio de la Iglesia». Frase que no hace entera justicia a los Perez Serantes y Evelio Díaz, que hablaron cuando pudieron y cuando no... hasta que murieron con el dolor de verse convertidos en «perros mudos». No debemos olvidar que a estos pastores y sus sucesores les ha tocado sufrir el más lacerante y angustioso sufrimiento: el de la carne ajena, como respuesta a lo que digo o hago... O para decirlo con menos rodeos: el saber que las represalias caían sobre sus laicos o sus curas...

Una Iglesia «que guarda silencio» no debe ser juzgada por esto cuanto por las razones que la motivan a asumir esta actitud: ¿Es por escoger quedarse al margen? ¿O por considerar que lo suyo es la «evangelización»? ¿O por guardarse las espaldas? ¿Es por temor a lo que pueda suceder, o lo que se pueda perder? ¿Puede la Iglesia cuidarse a sí misma cuando peligra el pueblo al que debe servir y en función del cual esta y se siente?

Otro modelo: Iglesia con interlocutor selectivo

Volvamos a nuestro punto de partida: la grave situación de la Nación y las concretas circunstancias que todos conocemos. La Iglesia podría tomar el camino de la «denuncia discreta y selectiva»: se le hace saber al gobierno la opinión de los pastores, sus críticas y demandas –pensemos en la mejor manera posible: teniendo como finalidad el bien del pueblo y no los intereses de la Iglesia– pero de estas «denuncias» solo se enterarían los destinatarios... Esta postura se puede justificar desde la Sagrada Escritura: ¡también los profetas echaban en cara a los reyes de Israel sus pecados... dentro de las paredes de Palacio! No lo digo en sentido despectivo: ¡vaya si no hace falta tener valor para hacer esto! Pero, ¿será suficiente?

Ciertas formas de hablar, al mismo tiempo que evitan el molestar al Estado, le dicen lo que se le quiere hacer saber. ¡Pero el pueblo se queda en ayunas! ¿Estamos seguros que los problemas se resuelven en las mesas de trabajo de los poderosos? ¿El mejoramiento del país depende de la sola decisión del gobernante? Si siempre el interlocutor, para el que se piensa, redacta y publica un documento es el «de arriba»... Nos debemos, o no, preguntar: ¿es eso justo, evangélico, iluminado?

Modelo de Iglesia tipo «la historia me absolverá»

Muchas veces he oído el planteamiento: «tenemos que pensar en el futuro: ¿qué dirán las generaciones venideras?». Entonces se piensa una estrategia para «limpiarnos» e incluso se plantea, como posible «la inmolación». ¡Más vale desaparecer que vivir en el sonrojo o la deshonra! Quitada la dimensión retórica y aun heroica del planteamiento, que hasta nos puede hacer nacer una sonrisa, la cuestión no es desdeñable en sí. El argumento podría servir como comprobación de la justeza y fidelidad a la verdad de nuestros planteamientos y actitudes: ¿qué pensaran de esto dentro de 10 o 15 años? ¿Qué pensaría de esto alguien que esta fuera del país? ¿Cuánto dolerá lo que digo a un marxista fiel y honesto que ha querido lo mejor para su pueblo por el camino que tuvo por delante? ¿O a un preso político que perdió su juventud o su salud en una cárcel?

Modelo: profético «a la tremenda

Hay también un tipo de Iglesia deseada, consecuente, pura y diamantina porque no se mancha con los lodos del disimulo y la contemporización, que le canta las cuarenta al que se las gane (¡y de contra las 10 de última!). Iglesia del decreto y la amonestación, de los ultimátums y el «frente unido, jamás será vencido». Iglesia espartana que comienza por dejar los privilegios que la atan (más o menos conscientemente) al carro del poder. ¡Vaya, una Iglesia con pantalones, no tanto con sotana! de esas que hacen exclamar: «esa sí que vale la pena». Una Iglesia «a la polaca» (para decirlo rápido, pues nos hemos imaginado a veces que así eran las cosas por allá).

En el seminario nos enseñaron (Ah, los inefables padres de la compañía) que las comparaciones son odiosas... En todo caso difíciles, si justas y apropiadas. Una vez oí a un obispo nuestro elogiar a los de la «semper fidelis»: «que tipos altos, rubios y fornidos, majestuosos, imponentes y marciales obispos polacos... con un 90 y tantos de asistencia dominical por detrás...». En fin, si la política es el arte de lo posible... ¡la pastoral se le parece! Para «proféticos a la tremenda» hacen falta más que buenos deseos. Y no es lo mismo serlo en la Polonia de Wishinski y de Walesa que en otro sitio...

Iglesia del diálogo y la Palabra: a la escucha, orante y misionera

Creo que toda Iglesia tiene «su gracia», su estilo y modo de ser fiel. Estilo y modo que van comprometiendo con el propio modelo, el de la propia y concreta manera de vivir el evangelio` en conformidad con la propia historia de gracia y de pecado, de fidelidad e infidelidad. Para decirlo rápido, Iglesia tipo REC y ENEC.

La REC fue para nosotros una experiencia fundamental: tomar en serio a nuestra gente, ponernos a escucharlos, confiando en su capacidad de pensar lo mejor y de decidir lo más adecuado, a través del diálogo y el feedback constante. ¡Qué escuela de responsabilización, de acción liberadora! ¡Qué ejercicio de confianza en nosotros mismos, de los obispos en nosotros, de nosotros en los laicos de todos en todos! (Trato de describir... no sé si más bien llego a idealizar...).

Quizá nunca hemos llegado a conversar sobre la REC con ese desapasionado y frío análisis humano, que a veces hace falta para que seamos objetivos. La REC fue la obra de un grupo de sacerdotes jóvenes y de laicos no menos jóvenes, que se empeñaron en llevar adelante aquello. El papel de los obispos fue más bien discreto... ¡sabiamente discreto! Nos dejaron hacer algo ¡tan difícil, a veces, de lograr! Y un Bruno Rocaro que le puso el ingrediente «tenacidad, constancia, organización» virtudes no tan frecuentes en estos caribeños intuitivos y creativos, pero un tanto desorganizados a inconstantes, que solemos ser... Y enormes aleteos del Espíritu.

La Iglesia del post-ENEC no manifestó el mismo dinamismo ni la misma tenacidad. Se perdió la dimensión integradora-nacional, y la participación entusiasmada del clero y el laicado que se logro en la REC. Así pasa, que cuando se pierde el impulso creativo de algo se vuelve a la rutina de lo anterior, se pierde el estilo de trabajo y se esfuman los horizontes amplios que se lograron alcanzar... Esto puede percibir uno y descorazonarse, como si todo lo caminado se hubiera retrocedido de golpe: ¡se acabo la fiesta, y vuelve la zorra al portal y el señor cura a sus misas! para decirlo con Machado y Joan Manuel Serrat.

Se ha perdido o se ha ganado

¿Es esto así? ¿Se perdió todo lo ganado? No. No lo creo ni lo veo así. Dice el viejo Habermas que la Humanidad una vez que ha aprendido algo colectivamente, ya no lo puede olvidar ni inhibir el desarrollo subsecuente. Yo lo pienso así, y lo aplico a los grupos humanos. Quisiera haber grabado las palabras del P. José Gómez Caffarena, presidente del tribunal ante el que defendí en Comillas mi trabajo de grado de filosofía. Su interés por lo de la REC, por lo hecho y dicho por la Iglesia cubana, y la trascendencia que le veía a todo eso para otras Iglesias, hasta el punto de recomendar la publicación de la disertación escrita. No creo, pues, que todo lo que hicimos y que ha admirado a los que han podido conocerlo, se haya perdido. Yo diría más bien ¡debe ser recobrado! ¡Debe ser continuado! ¡Debe ser profundizado!

Yo no quiero afirmar que la Iglesia deba hablar en esta hora difícil e incierta de nuestra historia. Ni que deba callar. Yo solo digo, que dada la gravedad del momento no se puede tomar una decisión adecuada sin el concurso de todos los cristianos, sin volver al método y estilo de la REC y el ENEC.

En estos momentos solo la madurez que surge del compromiso, del diálogo sincero, inspirador de la decisión comunitaria y de la acción común puede articular la respuesta que nuestros fieles y el pueblo todo, precisan.

El mayor peligro del momento es la parálisis de la acción y de la Palabra. En la REC optamos por las dos. La acción al servicio de la Palabra y la Palabra que brota de la oración. Una Iglesia que articula su Mensaje como respuesta a los retos que la asaltan. Una Iglesia que se convierte en instancia critica de las propuestas actuales y abre así cauce al futuro. Una Iglesia que emprende su acción como una «estrategia» pero no al estilo humano, calculador e interesado, sino como un servicio a la Patria, al servicio de la pedagogía de la fe y de la acción de su pueblo.

En la carta que he escrito a Monseñor Jaime proponiéndole el proyecto de un Encuentro Nacional muy dinámico, inspirado en el modelo de la REC y el ENEC, le hablaba de la necesidad de articular un «Mensaje» y unos canales de acción para hacerlo llegar al pueblo y para convertirlo en propuesta operativa e inspiradora del quehacer colectivo de los cristianos y en general, de los hombres de buena voluntad. Las dos cosas son importantes. Cuando hablo de Mensaje me refiero a una respuesta articulada desde la fe, a la propuesta que el pueblo está recibiendo desde las instancias del poder a través de los *mass media*: me refiero al mensaje que se pudiera resumir en la frase «Socialismo o muerte», que nos está colocando frente a la realidad del holocausto de todo un pueblo en aras de defender la idea de algunos, y con la amenaza de una nueva manifestación de barbarie vandálica semejante a la del año 80.

No podemos permanecer insensibles y silenciosos frente a estas realidades. El pueblo debe recibir otra propuesta, que no sea la de la intolerancia y el garrote, la falta de diálogo y la prepotencia de un solo grupo, de una sola mentalidad. Una propuesta de vida, de Paz, de diálogo, de reconciliación y entendimiento, que no pase por la histeria guerrerista, sino por la apertura a los demás. Un Mensaje que suponga una lectura positiva de los acontecimientos y procesos de cambio, un análisis diferente de lo que está ocurriendo en el mundo y de las posibilidades reales positivas que podrían significar.

Cuando me refiero a los «canales de comunicación y acción» lo que pretendo es resaltar la importancia de pensar en los medios que hagan posible que ese mensaje llegue al pueblo de modo eficaz y amplio. ¿Qué es lo que la gente piensa realmente, cuáles son las inquietudes y expectativas del pueblo? Es importante partir de ahí para articular un Mensaje que responda a estas expectativas e inquietudes. Pero es importante igualmente, que lleguemos a todos. Y no solo esto, sino que la trasmisión misma del Mensaje sea generadora de participación, personalizadora y responsabilizante. Generadora, en una palabra, de aquello que pretende trasmitir: sentido crítico, compromiso, participación.

El Mensaje se debe articular como respuesta a los retos que se nos presentan como pueblo, asumiendo el papel de instancia crítica con relación al presente y de mirada abierta y esperanzadora de cara al futuro de todo el pueblo. Los canales miran a la acción concreta y eficaz que debe ser emprendida para mover los corazones y las mentes, y de la que se siga una vinculación profunda y fraterna con la masa del pueblo. En una palabra, que la iglesia asuma conscientemente un papel de inspiración espiritual, de promotora del diálogo y la participación no solo en cuanto a ella misma, sino en medio del pueblo, de otros grupos sociales (otras iglesias, asociaciones fraternales, grupos informales... etc.).

Este papel de animación supone, por parte de la Iglesia, tener una estrategia a largo plazo y de largo alcance, supone una acción reflexionada y fundamentada. Cuando hablo de estrategia no me refiero a la acción calculadora e interesada de quien mide y se mide. Me refiero a la acción sí eficaz, pero desinteresada, abierta, que se ofrece a todos y se trata de compartir con todos. Esto supone continuar con el estilo de la REC y del ENEC de modo permanente, pues una acción pastoral como la que yo propongo aquí no se puede dar el lujo de despreciar ninguna idea ni de obviar ningún aporte. Contar con todos, generar en todos una actitud de búsqueda y creatividad, de participación a través de la palabra y de la acción: that is the question!

Conclusión

En estos momentos surge de muchas personas (obispos, sacerdotes, religiosas y laicos) la misma frase: ¡hay que rezar mucho! Suscribo totalmente la invitación... siempre y cuando no se convierta en un escudo para protegernos de la acción, de la reflexión. Una oración así sería alienante y lejos de resolver ningún problema lo que provocará será una falsa seguridad como aquella que criticaba Jeremías. Acción con oración, sí. Oración para huir de la acción, no. No hagamos la «oración del avestruz» para meter la cabeza en el agujero y no ver el peligro y no darle respuesta al peligro.

Queridos hermanos: les invito a orar en este «periodo especial en tiempo de paz», en este tiempo caliente de guerra fría en el que estamos y les invito igualmente a pensar y a trabajar, a soñar y a construir tiempos mejores donde no haya guerra, sino paz; donde no haya violencia sino comprensión; donde no haya intolerancia y fanatismo, sino apertura a los demás: donde no haya que hablar de gusanos y cucarachas, porque ya hayamos llegado a comprender, que todo hombre, piense como piense, aun estando equivocado es un sujeto de derechos, es un hijo de Dios, y es un hermano al que debemos escuchar.

P. Felipe Rey de Castro, S.J. / Fundador y director de la
Agrupación Católica Universitaria (1931-1952)

ALGUNAS NOTAS PARA AYUDAR A LA REFLEXIÓN

Ha sido una política sostenida del gobierno cubano en estos 45 años, ningunear a la Iglesia, lo mismo que a la oposición. Desde hace dos o tres años esa política ha dado paso, con la oposición política, a una actitud de beligerancia: persecución cada vez más violenta y clara, que culminó con el encarcelamiento de los 75 en marzo del 2003.

La esperanza de acallar la voz de la oposición y paralizar su acción ha dado lugar a un problema internacional de enormes proporciones. La actitud de toda la Unión Europea, de las izquierdas en muchas partes del mundo, y el rechazo dentro mismo del país, más el apoyo logrado por los 75 entre los diversos grupos de exiliados, compelidos a darles apoyo a sus hermanos de la Isla, ha colocado al gobierno a la defensiva. Exitosa al parecer en un principio, la represión ha provocado una acción coordinada y manifiesta, pública, por parte de las esposas y familiares de los disidentes injustamente encarcelados. En las Iglesias, en particular en la Católica, son cada vez más los que se cuestionan sobre la responsabilidad personal y comunitaria frente a lo que está pasando en el país. Y esta pregunta será cada vez más intensa y extensa, en la medida que el agravamiento de la situación y la falta de gestión ética y política del Estado vaya mostrando el radical vacío de autoridad que sufre el país.

La iglesia ha dado hasta el momento una respuesta limitada a la grave situación: ayuda a los menesterosos, solidaridad efectiva material y espiritual con los presos y sus familiares y la continuación de su necesario y tradicional papel espiritual: predicar el evangelio, formar la conciencia de las gentes, elevar la voz frente a injusticias concretas, animar la esperanza de un pueblo que cada vez puede confiar menos en su futuro.

La Iglesia ha sufrido persecución

La iglesia ha sufrido en carne propia la persecución implacable de un sistema que la odia y persigue con saña nunca abandonada. El viejo Arzobispo Pérez Serantes llorando y diciendo «muero como un perro mudo», es la imagen de una Iglesia que levantó la voz, se arriesgó por el pueblo y sufrió la persecución de unos, el abandono de otros y el silencio de casi todos. La actual «prudencia» de los pastores no es más que la consecuencia del recuerdo de una lección bien aprendida, por insaciablemente enseñada. Pero desde aquellos hechos de los años 60 (en su expresión más extrema) la Iglesia universalmente ha asimilado la experiencia de un mundo en cambio, el mirar las cosas desde una perspectiva más amplia y superior: la de tomar en consideración cada vez más clara y esencialmente, de lo que toca al ser humano, a su suprema dignidad y a sus derechos inalienables. No se puede cerrar los ojos ni pasar de largo. No podemos callar.

De modo mucho más conservador entre nosotros, víctimas solo parcialmente conscientes de la «indefensión aprendida» que nos aqueja, como aqueja a todo cubano que ha vivido bajo el sistema en estos 45 años, pero enfrentados a la necesidad de responder a lo que está pasando nuestro pueblo: por una parte, la opresión; por otra, la mentira, el engaño y la ignorancia de la realidad en la que vive, y finalmente, a la inacción a la que se le ha sumido por la desaparición de formas organizadas de enfrentar la realidad y del hábito del juicio crítico o del compartir libre y en confianza con sus semejantes... Esto hace un cuadro terrible de indefensión, temor y represión que a mi modo de ver, es una de las más dolorosas y al mismo tiempo, acuciantes situaciones que compromete a la Iglesia con la suerte actual y futura de este pueblo, con sus anhelos de ser y con su voluntad de vivir y enfrentar esta situación. Es una responsabilidad enorme, de la que tendremos que dar cuenta ante Dios cuando nos llegue el día de presentarnos ante Él.

Yo siento, cada día que pasa, que ese día de la cuenta es hoy, lo siento en un «ahora» que me duele y me conmueve. El «¿dónde está tu hermano?» que Dios lanzó a Caín, me suena demasiado cercano, no obviable ya. Por un tiempo me pudo tranquilizar un poco aquello de que «la Iglesia ni pone ni quita rey». Pero ya no. Me suena a subterfugio, me parece un planteamiento demasiado estrecho e insuficiente de un problema mucho mayor. Me resulta demasiado simplista el planteamiento cuando se juega el presente y el futuro de todo un pueblo.

¿Qué nos pide Dios a nosotros hoy?

Por eso, la pregunta clave, desde un punto de vista ético y espiritual, es una sola: ¿qué debemos hacer, qué podemos hacer, qué nos pide Dios a nosotros, hoy? La cuestión acerca de lo que ya estamos haciendo se responde a mi modo de ver, muy fácilmente: sí, eso está bien. Debemos seguir haciendo lo que ya hacemos. ¿Pero es suficiente? Esa es la otra cuestión en la que debemos enfocar nuestra atención.

Otra pregunta previa, necesaria, es ¿por qué ahora? Hemos soportado por muchos años en silencio la prisión de nuestros hermanos, hijos, padres, primos, tíos y sobrinos, amigos y no sentíamos quizá esta urgencia de ahora. ¿Por qué estos últimos 75 no y los anteriores sí? Antes pudimos pensar, con razón o sin ella, que ellos representaban un paso de avance, un reclamo de dolorosa incomprensible justicia, condenación de viejos pecados pasados de los que pudimos ser de una u otra forma solidarios. Lo que vendría era mejor, era el mal necesario que a veces sirve de crisol a la verdad y de raíz, misteriosa, al bien. Pero ahora no es achacable esa visión sino a los tontos, que no somos ni queremos ser. Lo vemos claro: es un gobierno corrupto y corruptor que ha lanzado a la Patria por este precipicio de miseria, maldad y mentira que a todos nos afecta y que nos destruye como pueblo. Es un viejo lamentablemente equivocado que quiere hacer prevalecer su error a cualquier precio en lugar de jugar limpio y reconocer el mal que ha hecho y está dejando hacer. Por eso no podemos callar, no podemos cruzarnos de brazos.

Es cierto que en Cuba «todos quieren que haya velorio, pero nadie quiere poner el muerto». Eso puede servir de excusa.

La Virgen peregrina recorrió todos los pueblos de la Isla.
En esta foto saliendo de Rancho Veloz

LA CAPILLA DE LOS MILAGROS[4]

Hay en el Santuario de Nuestra Señora de la Caridad en el Cobre, una pequeña capilla, justo debajo del «Camarín de la Virgen», donde se venera la preciada imagen, capilla a la que el pueblo ha bautizado, con hermoso y sugestivo nombre, como «capilla de los milagros».

Una sola puerta de hierro se abre a la entrada de la capilla. No más puertas ni ventanas. La penumbra más que la luz define el lugar, como si la discreción que exigen los recuerdos de familia así lo precisaran. Aquel pequeño cuarto, verdadero baúl donde se guardan los recuerdos colectivos, los testimonios dolorosos y alegres de la vida de un pueblo, es como un resumen de la historia patria. Allí se guarda la memoria colectiva de una historia difícil, recogida en los sencillos y humildes testimonios de la fe. Cada objeto es una anécdota, cada cosa se convierte en un pequeño sacramento de fe, de una fe correspondida por los actos liberadores y auxiliadores de Dios, obrados a través de la intervención amorosa de María, la madre de Jesús.

Allí están las preseas y medallas de nuestros atletas. Las copias de los títulos de nuestros médicos. Las charreteras de nuestros militares retirados o desmovilizados, desde los tiempos de Batista, pasando por el «Ejército Rebelde», y los de las actuales «Fuerzas Armadas Revolucionarias». Allí, en pequeñas efigies de oro, el testimonio de la fe de una madre que vivió momentos de angustia porque sus dos hijos participaban de la peligrosa contienda contra el tirano de turno. Allí, como mudo testimonio de las páginas más difíciles y oscuras de nuestra reciente historia: están las insignias desteñidas de las triste-

---

[4] Artículo escrito en 1994.

mente célebres «Unidades Militares de Ayuda a la Producción» (UMAP), o las fotos de balsas vacías, encontradas a la deriva en el «Estrecho de la Florida».

Entre los testimonios que se guardan en la capilla de los milagros, uno me ha llamado poderosamente la atención. Es una carta. La carta de una joven a punto de graduarse como médico. Y dice así:

Viernes 18 de marzo, 1994

Querida Caridad del Cobre:

Yo, tu hija _____, con 25 años de edad, me estoy dedicando a vender mi cuerpo y mi juventud a los que todo lo poseen. Te pido que guardes mi salud y la de tantas chicas que por necesidad, hastío y falta de horizontes se dedican a este oficio.

Te traeré mi diploma de Doctor en Medicina, aunque no vale mucho, porque el sueldo de un médico no sirve para nada, a pesar de trabajar como esclavos sin esperanzas. Sácame de esta vida, de la forma en que tantas veces te he pedido, y alivia el sufrimiento de mi pueblo.

Ayúdanos a vivir sonriendo. Amén.

Huelgan los comentarios. Podríamos, escandalizados, tirar piedras a esta moderna y sincera pecadora. Podríamos analizar las razones económicas que sin duda pesan sobre los jóvenes, su desilusión y desesperanza, que están a la raíz de la crisis de valores que afecta a nuestra sociedad. Podríamos en fin, más allá de las palabras, sintonizar con el hermoso corazón que las inspira, extraviado, desorientado quizá, pero dolorosamente abierto a la esperanza y a la solidaridad.

Es una carta triste y que hace pensar. Hace muchos años escuché a uno de nuestros obispos esta historia, que él a su vez había escuchado de labios del antiguo capellán de la Virgen y párroco del Cobre, P. Francisco Veyrunes. Era la historia de una familia, padres e hijo, que se habían distanciado geográfica y afectivamente. Unos y otro, sin atreverse a iniciar el proceso de la reconciliación, y habiéndose perdido mutuamente, vinieron a los pies de María para pedir el anhelado y difícil re-encuentro. Y a los pies de la Virgen, los padres abandonados y el hijo pródigo, sin ponerse previamente de acuerdo en venir, sin conocer previamente los sentimientos del otro, como si el corazón los hubiera traído a un tiempo a la casa de la Fe y el Amor, pudieron encontrarse, perdonarse y darse el abrazo de la paz.

Ojalá que hoy también toda la familia cubana, los que se fueron y los que nos quedamos, los que abandonaron la casa común de la fe y del amor y los que rechazaron quizá desde su corazón (o quizá no...) a los hermanos que abandonaron la Iglesia, podamos, a los pies de la Virgen, comenzar a caminar los caminos de la reconciliación, después de darnos el abrazo fraterno de la comprensión mutua y del amor sincero.

Otros libros publicados en la
COLECCIÓN FÉLIX VARELA
(Obras de pensamiento cristiano y cubano)

1) 815-2 MEMORIAS DE JESÚS DE NAZARET, José Paulos
2) 833-0 CUBA: HISTORIA DE LA EDUCACIÓN CATÓLICA 1582-1961 (2 vols.), Teresa Fernández Soneira
3) 842-x EL HABANERO, Félix Varela (con un estudio de José M. Hernández e introducción por Mons. Agustín Román)
4) 867-5 MENSAJERO DE LA PAZ Y LA ESPERANZA (Visita de Su Santidad Juan Pablo II a Cuba).
5) 871-3 LA SONRISA DISIDENTE (Itinerario de una conversión), Dora Amador
6) 885-3 MI CRUZ LLENA DE ROSAS (Cartas a Sandra, mi hija enferma), Xiomara J. Pagés
7) 888-8 UNA PIZCA DE SAL I, Xiomara J. Pagés
8) 892-6 SECTAS, CULTOS Y SINCRETISMOS, P. Juan J. Sosa
9) 897-7 LA NACIÓN CUBANA: ESENCIA Y EXISTENCIA, Instituto Jacques Maritain de Cuba
10) 903-5 UNA PIZCA DE SAL II, Xiomara J. Pagés
11) 921-3 FRASES DE SABIDURÍA (Ideario), Félix Varela (Edición de Rafael B. Abislaimán)
12) 924-8 LA MUJER CUBANA: HISTORIA E INFRAHISTORIA, Instituto Jacques Maritain de Cuba
13) 941-8 EL SANTERO CUBANO. Religiones Afrocubanas y Fe Cristiana, P. Raúl Fernández Dago
14) 948-5 GOTITAS DE FE, Xiomara J. Pagés
15) 956-7 FÉLIX VARELA PARA TODOS / FÉLIX VARELA FOR ALL (1788-1853), Rafael B. Abislaimán
16) 981-7 CON LA ESTRELLA Y LA CRUZ — HISTORIA DE LA FEDERACIÓN DE LAS JUVENTUDES DE ACCIÓN CATÓLICA CUBANA (2 vols.), Teresa Fernández Soneira
17) 985-x HISTORIA DE LA IGLESIA CATÓLICA EN CUBA (2 vols.), Monseñor Ramón Suárez Polcari
18) 998-1 EL PROYECTO VARELA, Alberto Muller
19) 334-7 EL DESAFÍO DE LA SÁBANA SANTA, Inst. Solidaridad Cristiana
20) 8-002-2 APUNTES DE ESPIRITUALIDAD IGNACIANA (De algunas meditaciones Ejercicios Espirituales), Federico Arvesú, S.J, M.D.
21) 8-010-3 EPISCOPOLOGIO CUBANO II. MIGUEL RAMÍREZ DE SALAMANCA, 1527-1534, P. Reynerio Lebroc Martínez

22) 8-017-0 LA REAL Y PONTIFICIA UNIVERSIDAD DE SAN GERÓNIMO DE LA HABANA, Salvador Larrúa Guedes
23) 8-032-4 IGLESIA CATÓLICA Y NACIONALIDAD CUBANA (Memorias de 4 Encuentros Nacionales de Historia de Conferencia de Obispos Católicos de Cuba. Editor Joaquín Estrada Montalván.
24) 8-033-2 CUBA: LIBERTAD Y RESPONSABILIDAD, DESAFÍOS Y PROYECTOS, Dagoberto Valdés-Hernández (Ed. Gerardo E. Martínez)
25) 8-040-5 FÉLIX VARELA: PORTA-ANTORCHA DE CUBA, Joseph y Helen M. McCadden. Ed. Amalia de la Torre. Trad. Ignacio Galbis
26) 8-041-3 UNA FE QUE ABRE CAMINOS, Araceli Cantero-Guibert
27) 8-048-0 EN LA BÚSQUEDA DE LA FELICIDAD, Ernesto Fernández-Travieso, S.J.
28) 8-075-8 FÉLIX VARELA: PROFUNDIDAD MANIFIESTA I
    Primeros Años (1788-1821), P. Fidel Rodríguez
29) 8-080-4 SÍGUEME. EJERCICIOS ESPIRITUALES PREDICADOS,
    Padre Amando Llorente, S.J.
30) 8-091-x EN LA BÚSQUEDA DE LA FELICIDAD, P. Ernesto Fernández-Travieso, S.J. (Segunda edición corregida y ampliada).
31) 8-095-2 MISCELÁNEA CUBANA, Instituto Jacques Maritain de Cuba
32) 8-097-9 ACU. 75 ANIVERSARIO A.M.D.G., Salvador E. Subirá
    Historia de la Agrupación Católica Universitaria
33) 8-104-5 PARA NO SER UN RINOCERONTE MÁS, Ernesto Fernández Travieso, S.J.
34) 8-120-7 PEREGRINANDO A SAN AGUSTÍN. AL ENCUENTRO DEL PADRE FÉLIX VARELA, Rafael B. Abislaimán
35) 8-128-3 DISCOVER YOUR CHARACTER, Marcelino García, S.J.
36) 8-130-4 EL ISLAM VISTO POR UN CRISTIANO, Efrén Córdova
37) 8-139-9 NIÑOS QUE TRIUNFAN / LEADING CHILDREN TO SUCCES. CENTRO MATER. Historia, Teresa Fernández Soneira
38) 8-150-9 EPISCOPOLOGIO CUBANO III: DIEGO DE SARMENTO, TERCER OBISPO DE CUBA, 1535-1547, P. Reynerio Lebroc Martínez
39) 8-155-9 MÁRTIR DE GUAJAIBÓN: JULIÁN MARTÍNEZ INCLÁN / José M. González-Llorente (Ed.).
40) 8-159-2 IN THE PURSUIT OF HAPPINESS, Ernesto Fernández-Travieso SJ
41) 8-185-1 LA PSICOLOGÍA DEL BIENESTAR, Jorge Salazar-Carrillo
42) 8-215-1 HISTORIA DE LA VIRGEN DE LA CARIDAD, Salvador Larrúa
43) 8-220-3 PADRE PANCHITO ORTIZ. SACERDOTE Y MÉDICO, P. Raúl Rodríguez-Dago (Ed.)
44) 8-226-2 JUANÍN. JUAN PEREIRA VARELA, Cecilia La Villa (Ed.)

45) 8-238-6 ACUERDOS, DESACUERDOS Y RECUERDOS, José I. Rasco
46) 8-242-4 UNA PALABRA MÁS FUERTE. LOS ESCRITOS DE MONSEÑOR AGUSTÍN ROMÁN, Julio Estorino (Ed.)
47) 8-270-x ANTE EL AUTO DE FE DE PEDRO BERRUGUETE, Juan de Isasa
48) 8-278-5 TOPOS Y CUBA, LA ISLA DE CORCHO. DIÁLOGOS ENTRE CUBANOS, Guarioné M. Díaz
52) 8-258-0 MONSEÑOR AGUSTÍN ROMÁN, GUÍA ESPIRITUAL DE LOS CUBANOS, Salvador Larrúa Guedes
53) 8-264-5 MY LASTING MEMORIES, Henry Pujol
54) *8-285-8* *PIDO LA PALABRA. Opiniones en La Habana*, Orlando Márquez
55) 8-287-4 SUEÑOS Y PESADILLAS DE UN CURA EN CUBA / ¿EL FUTURO DE LA IGLESIA EN CUBA? P. José Conrado Rodríguez

www.ingramcontent.com/pod-product-compliance
Lightning Source LLC
Chambersburg PA
CBHW030522080526
44586CB00011B/288